名鉄の支線・廃線

下巻（尾張・美濃編）

1960年代～90年代の思い出アルバム

生田 誠 著

◎美濃町線 赤土坂　1981（昭和56）年7月　撮影：寺澤秀樹

Contents

3章　廃線

◎竹鼻線 市之枝～八神　2001（平成13）年6月16日　撮影：寺澤秀樹

名古屋鉄道の沿線案内図 （所蔵：名鉄資料館）

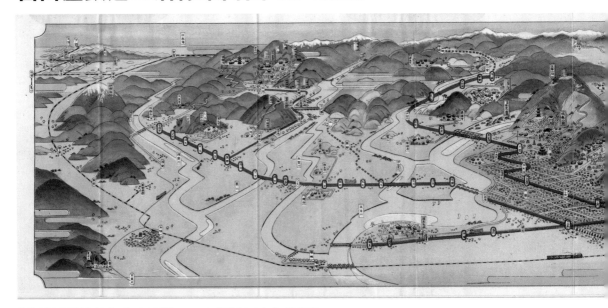

【美濃電鉄沿線御案内図絵 1929（昭和 4 ）年発行】

赤い太線で描かれている美濃電気軌道の路線とともに、連絡する名古屋鉄道の路線が緑の線で描かれており、両社は1930（昭和 5 ）年 8 月に合併することとなる。この時期、岐阜市内線の忠節橋駅と忠節駅は結ばれておらず、揖斐線の尻毛駅から山口駅方面への計画中の路線が見えている。戦前の絵図らしく、鏡島線沿線の鏡島弘法、揖斐線沿線の円鏡寺といった寺院が大きく描かれている。中でも、谷汲線の終着駅付近に見える谷汲山華厳寺は一際、立派である。

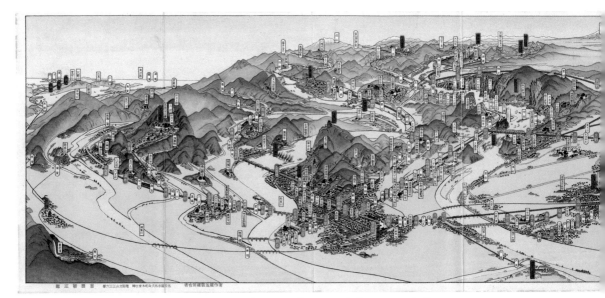

【名岐鉄道全線名勝鳥瞰図（吉田初三郎）1935（昭和10）年 1 月発行】

右端に見える名古屋市内では、現在の名鉄名古屋駅は開業前であり、名岐鉄道時代の起終点駅である柳橋駅ともに、大曽根（現・小牧）線の起終点駅、地上駅時代の上飯田駅が描かれている。この当時には、愛知県内に岩倉支線や清洲線の存在もあった。一方、木曽川を渡った岐阜県内には美濃町線、鏡島線、谷汲線といった現在は廃止された路線も見える。これに加えて、岐阜市内線（路面電車）の存在があり、岐阜市内には名岐鉄道の路線が広く張り巡らされていた。

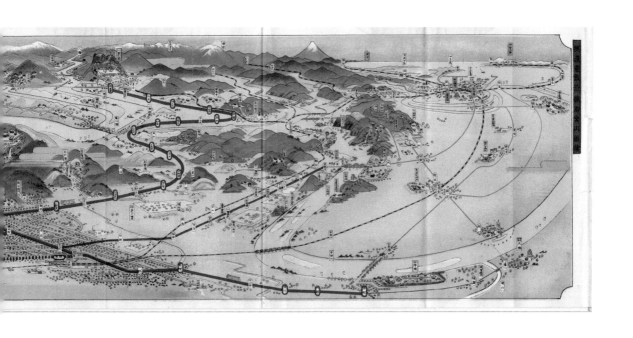

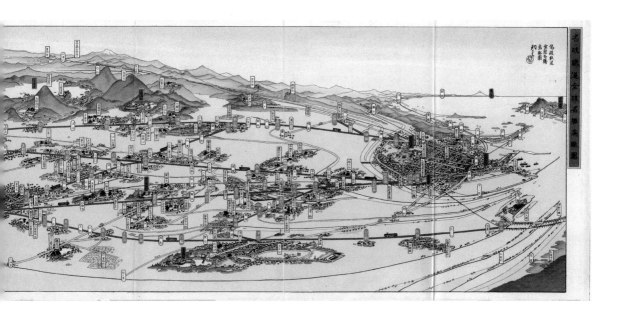

5

【一宮市を中心とせる名古屋鉄道沿線名所図絵（吉田初三郎）1931（昭和6）年発行】

右下には岐阜市内が小さく描かれる一方で、木曽川を渡った愛知県側には、タイトルにある現在の一宮市、犬山市、津島市などが詳しく描かれている。これに比較すると名古屋市はそれほどの規模ではなく、吉田初三郎の苦心、工夫が見える絵図となっている。一宮市には真清田神社が鎮座し、新一宮（現・名鉄一宮）駅、西一宮駅とともに、東一宮駅が存在した。尾西線と並ぶ形で、点線で示された新線（現・名古屋本線）が描かれており、起線も見える。

【世界一景岐阜長良川鵜飼（吉田初三郎）1931（昭和6）年発行】

富士山や名古屋市街とともに木曽川、長良川、揖斐川が流れる岐阜市を描いた、吉田初三郎お得意の鳥瞰図である。街を見下ろす金華山の頂上には岐阜城が見え、眼下の長良川で行われている鵜飼の模様が強調されている。岐阜市は1889（明治22）年に岐阜町、今泉村などが合併して成立。この当時の人口は約25,000人だったが、1917（大正6）年には倍増を果たしていた。昭和時代に入ると本荘村、長良村、島村などを次々と編入し、市域を拡大していった。

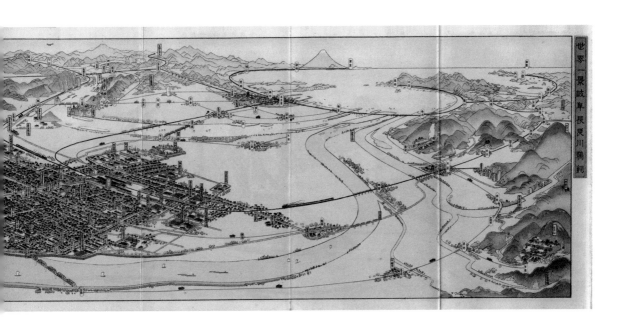

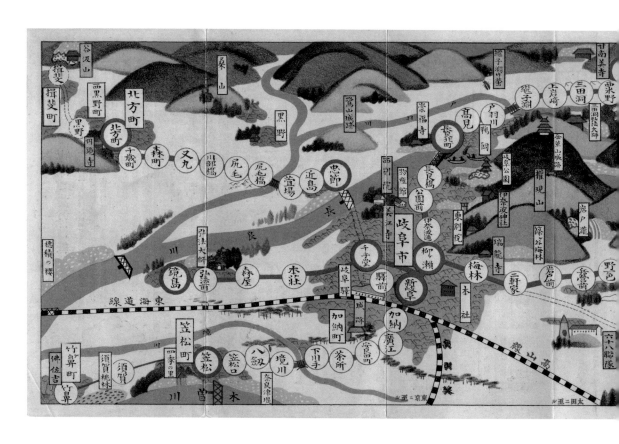

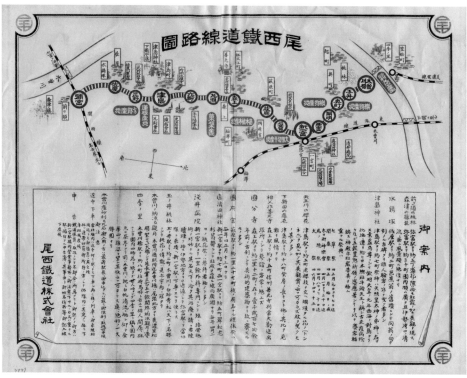

【尾西鉄道線路図（大正前期）】

尾西鉄道は1896（明治29）年6月、海東郡津島町（現・津島市）に本社を置いて設立されている。その後、1898（明治31）年4月に弥富〜津島間を開業し、現在の尾西線にあたる路線を設けた。1925（大正14）年8月に名古屋鉄道（現・名鉄）に買収されているが、これは弥富〜木曽川橋間が見える大正前期の路線図で、木曽川港駅までは路線が延びていない。木曽川橋〜木曽川港間（貨物線）の開業は1918（大正7）年5月である。

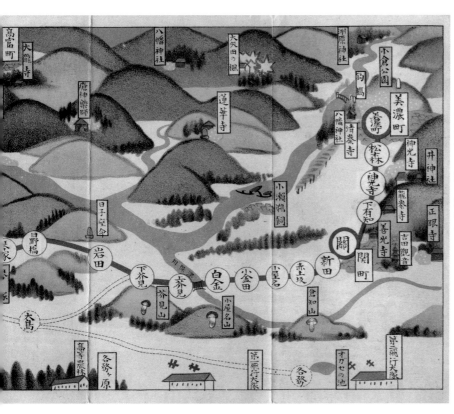

【美濃電気軌道路線図
1925（大正14）年発行】

岐阜市内を走る岐阜市内線を中心に、美濃町駅に至る美濃町線、高富駅に至る高富線、笠松駅に至る笠松線、鏡島駅に至る鏡島線を運行していた美濃電気軌道の路線図である。忠節駅から延びる揖斐線は、北方町（後の美濃北方）駅までが開通しており、本揖斐方面までは至っていない。笠松〜新岐阜（現・名鉄岐阜）間は1930（昭和5）年8月、美濃電気軌道が名古屋鉄道と合併した後、名岐鉄道の本線（現・名鉄名古屋本線）の一部となった

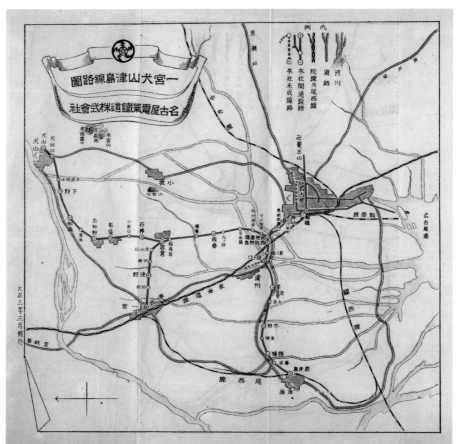

【名古屋電気鉄道
一宮犬山津島
線路図
1914（大正3年）
3月発行】

名古屋の市内電車として発足した名古屋電気鉄道が、最初に計画した郡部線（郊外路線）の一宮・犬山・津島線が完成した直後に発行した。名鉄の名古屋本線が走っている名古屋市中心部と一宮市の間は、現在と異なる形で結ばれていたことがわかる。この当時（1914年）、尾西線は尾西鉄道に属しており、名古屋電気鉄道が郊外路線を名古屋鉄道に譲渡した後、尾西鉄道が名古屋鉄道に買収されて、その一部となった。

名古屋鉄道の沿線絵葉書 （所蔵・文 生田 誠）

【犬山城（大正前期）】

「現存天守12城」のひとつとして、国宝に指定されている犬山城。室町時代に築城され、江戸時代には成瀬家の居城となって、犬山藩が置かれていた。2004（平成16）年まで成瀬家の当主の持ち物だったが、現在は公益財団法人犬山城白帝文庫の名称の法人所有となっている。

【犬山公園通りの桜
（昭和戦前期）】

犬山郵便局の風景印が押されている日本ライン、犬山公園通りの花見時の風景である。日本ラインと呼ばれる木曽川の下流にあたる、名鉄の犬山遊園駅から犬山城付近の川沿いは、桜並木が続く遊歩道となっていた。現在も春の観光シーズンには多くの花見客が訪れる。

【名鉄犬山遊園
（昭和戦前期）】

現在は建て替えのために休業している、名鉄犬山ホテルがある場所には、かつて名鉄が経営していた犬山遊園が存在した。名鉄の犬山線にあった最寄り駅は当初、犬山橋駅として開業した後、1949（昭和24）年12月に現駅名である犬山遊園駅に改称している。

【尾張津島天王祭
（大正前期）】

室町時代末期から続く尾張津島天王祭は、「宵祭」と呼ばれる夜の祭りが有名だが、これは「朝祭」という昼間の祭りの風景である。朝祭では、能の出し物をかたどった置物を載せた車楽船が登場するが、その華麗な姿を小舟に乗った多くの観客が眺める様子が写されている。

【津島天王川堤の桜
（大正前期）】

津島神社の御旅所の鳥居が見える、天王川堤（公園）の春の風景。現在は津島市民に親しまれる天王川公園となっているが、かつてここには佐屋川の支流である、天王川が流れていた。桜の時期には花見客が訪れる場所であり、続く季節には藤まつりが開催されている。

【桃太郎誕生地
（昭和戦前期）】

白帝城とも呼ばれている犬山城の天守閣をバックにした犬山遊園の風景で、「日本一桃太郎誕生地　上流二十丁」と書かれた看板が立てられている。犬山市がある木曽川流域には、桃太郎伝説が残されており、この上流には桃太郎公園、桃太郎神社が存在することを示している。

**【各務原競馬場
（1931（昭和6）年）】**

1931（昭和6）年、当時の鵜沼村（現・各務原市）には高須町（現・海津市）から競馬場が移設され、各務原競馬場が誕生した。岐阜競馬倶楽部による競馬（レース）は、春と秋に開催されていたが、1939（昭和14）年に廃止され、笠松競馬場と統合された。

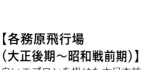

**【各務原飛行場
（大正後期〜昭和戦前期）】**

白いエプロンを掛けた大日本紡績岐阜絹糸工場の女工たちが、各務原飛行場を訪れたときの風景である。元々ここには陸軍の演習場があり、1917（大正6）年に各務原陸軍飛行場が開設された。終戦後はアメリカ軍の基地となり、返還後は航空自衛隊の岐阜基地となっている。

【関町全景（大正前期）】

古来、刃物の生産地として有名で、貝印グループの発祥地でもある関町。瓦屋根が並んでいる街の中心部の風景であり、現在の関市はこの時期、武儀郡の関町だった。1950（昭和25）年に市制を施行し、2005（平成17）年には合併により市域を大きくしている。

**【鏡島郵便局
（1935（昭和10）年）】**

1935（昭和10）年に完成した鏡島郵便局の局舎である。この鏡島郵便局は長良川の南、旧中山道に近い岐阜市鏡島精華に置かれている。1955（昭和30）年に岐阜市に編入されるまでは鏡島村が存在し、この当時は名鉄の岐阜市内線と接続する鏡島線が存在した。

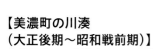

**【美濃町の川湊
（大正後期～昭和戦前期）】**

木曽川沿いの美濃市は、江戸時代には上有知（こうずち）と呼ばれ、舟運で栄えてきた。この街には美濃和紙や生糸、酒などを運ぶための輸送基地となる上有知川湊が存在。現在も残る川湊灯台は、江戸末期に住吉神社の献灯を兼ねて建設されたもので、住吉灯台とも呼ばれてきた。

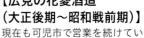

**【広見の花菱酒造
（大正後期～昭和戦前期）】**

現在も可児市で営業を続けている花菱酒造が顧客に送った年賀状で、大きな樽の中に3人の杜氏（職人）が収まっている。現在の可児駅がある付近はこの当時、可児郡の広見町で、1955（昭和30）年に今渡町、土田村などと合併して可児町となり、1982（昭和57）年に可児市が成立した。

まえがき

　名古屋鉄道は、中部・東海地方における私鉄の中でも群を抜いた存在で、過去、現在にわたっ
て、愛知・岐阜両県に多彩な路線を有してきた。本書は愛知県西部、岐阜県を走る犬山線、津
島線、尾西線といった現役の路線とともに、岐阜市内線、揖斐線など既に廃止されたものを含
む22路線について、「1960年代〜90年代の思い出アルバム」の副題を設けて、在りし日の車両、
懐かしい沿線の風景などを紹介するものである。

　名鉄の最初の路線が誕生した明治後期から、大正、昭和、平成、令和と元号が変わり、時代
が変遷する中で、この地域の風景が大きく変化したことは否めない。古い町や村の名前も、消
えていったものがたくさんあるはずである。しかし、そういた地名や駅名は、懐かしい風景と
ともに人々の記憶、思い出の中に残されている。筆者は、さまざまな書籍の執筆、編集作業の
中で、そうした風景に関する写真、絵葉書、古地図などに接し、少しずつ掘り起こしながら文
章にしてきた。今回、本書の編集にあたっても、この地方を旅行したときに見聞した風景、記
憶が甦ってきたこともあった。地元にお住まいの読者の方々なら、なおさらのこと。本書の中
に収められたたくさんの写真、地図などから、もっと豊かで、鮮やかな思い出を湧き上がらせ
ていただけるものと信じている。

　戦後の日本は、敗戦というどん底の中からめざましい高度経済成長を遂げた。しかし、新し
いものが誕生すれば、古いものが消えるのは世の中の常である。とくに1960〜90年代には、各
地の鉄道において、新しい車両などが次々と投入される一方で、廃止される路線も多かった。
そこを走っていた懐かしい列車、消えていった建物、折々の人の姿……。一枚の写真の中には
たくさんの記憶のかけらが含まれており、何人もの手を経て本に仕上がるときには、珠玉の玉
手箱のような一冊が出来上がる。名鉄シリーズの最後となる本書が、より多くの方にとって、
そんな一冊になることを願ってここに筆を置きたい。

2020（令和2）年6月　生田 誠

1章
犬山線、各務原線
広見線、小牧線

◎広見線 善師野～西可児　1989（平成元）年8月　撮影：寺澤秀樹

犬山線

路線DATA

起点：枇杷島分岐点

終点：新鵜沼

開業：1912（大正元）年8月6日

犬山線は、名古屋本線（枇杷島分岐点）から分岐して、愛知県西部を北上し、木曽川を越えて岐阜県各務原市に至る全長26.8キロの路線である。沿線には名古屋市に通勤、通学する人々が住むベッドタウンが多いことから、ラッシュ時に混雑する通勤・通学路線である一方、犬山市を中心としたユニークな観光施設があることで観光路線ともなっている。

現在の犬山線は、名古屋電気鉄道が1912（大正元）年8月に開業した路線がルーツになっている。これは名古屋市移管に先立ち郊外線の基幹路線して、1912（大正元）年8月6日に一宮線（枇杷島〜西印田間16.5キロ・複線）と途中岩倉から分岐する犬山線（岩倉〜犬山間15.2キロ・単線、犬山口〜犬山間のみ複線）を開業したのがはじまり。1926（大正15）年5月2日には関線として犬山〜犬山橋（現・犬山遊園）1.2キロを開業。同年10月1日、道路併用橋で木曽川を渡り岐阜県に達し、新鵜沼駅を開業し、国鉄高山本線と連絡した。この時犬山線は岩倉〜新鵜沼間となった。さらに1941（昭和16）年8月の新名古屋駅の開通時には岩倉以南も犬山線と称された。犬山線が現在の姿になるのは1944（昭和19）年8月10日に一宮線の岩倉〜東一宮間7.1キロが戦時対策として単線化され、名実ともに主要路線としての地位を失い、さらに戦後の1949（昭和24）年8月1日に枇杷島橋駅を廃止し、枇杷島分岐点とした。さらに本線の西枇杷島駅を再開し分岐点の信号扱いや犬山線側と三角線を形成する連絡線も西枇杷島駅の構内とした。

現在の犬山線には、下小田井駅から新鵜沼駅までの17駅が置かれている。この犬山線が通る市町村は清須市、名古屋市西区、北名古屋市、岩倉市、江南市、丹羽郡扶桑町、犬山市、岐阜県各務原市と多岐にわたっている。枇杷島分岐点で名古屋本線、上小田井駅で名古屋市営地下鉄鶴舞線と東海交通事業城北線、犬山駅で小牧線と広見線、新鵜沼駅で各務原線、JR高山本線と接続、連絡している。

犬山線の線名である「犬山」は、沿線の自治体のひとつで、観光地としても知られる現在の犬山市に由来する。犬山市は現在の人口、約7万3000人。江戸時代には犬山城に拠る犬山藩が置かれていた。現在は国際会議観光都市に認定されており、国内外から多くの観光客らが来訪する。室町時代の1469（文明元）年に築城された犬山城は、後に造られた現存する天守が国宝に指定されている。また、名鉄の子会社・名鉄インプレスが運営する博物館明治村、リトルワールド（テーマパーク、野外民族博物館）、日本モンキーパークなどがあり、明治村には多くの重要文化財指定の建造物が保存されている。上流から犬山市に至る木曽川は、沿岸の峡谷の美しさから「日本ライン」と称される。日本ライン下りの遊覧船が運行されている。また、木曽川の犬山鵜飼も有名である。

◎下小田井駅

犬山線は庄内川の西側を北上してゆく。下小田井駅は、名古屋電気鉄道時代の1912（大正元）年8月に開業している。2004（平成16）年2月に無人駅となっている。駅の所在地は清須市西枇杷島町上新である。現在の駅の構造は相対式ホーム2面2線を有する地上駅であり、両ホームに改札口がある。

下小田井駅。◎1985（昭和60）年10月　提供：名鉄資料館

◎中小田井駅

犬山線は名岐バイパスを越えて、名古屋市西区に入る。このあたりには「小田井」を駅名に含んだ3つの駅が置かれているが、上小田井駅が清須市にあるのに対し、この中小田井駅と上小田井駅は名古屋

市西区に置かれている。中小田井駅は名古屋電気鉄道時代の1912（大正元）年8月に開業、駅の所在地は名古屋市西区中小田井1丁目である。現在の駅の構造は相対式ホーム2面2線を有する高架駅である。2004（平成16）年2月に無人駅となっている。駅の東側には、庄内緑地公園が広がっている。

◎上小田井駅

上小田井駅は、庄内川の西側を北上してきた犬山線と、庄内川沿いに広がる庄内緑地公園の北側を北西に進んできた名古屋市営地下鉄鶴舞線との接続駅として1991（平成3）年10月27日新設された。前身とされる平田橋駅は1912（大正元）年8月6日に開業し、新川橋梁の犬山側、当時の西春町に所在したが、橋梁をまたぐ引き上げ線の新駅構内に飲み込まれ、姿を消した。現在の駅の所在地は、名古屋市西区貴生町である。駅の北西には新川が流れており、この川に架かる平田橋が当初の駅名の由来となっていた。1993（平成5）年8月、鶴舞線がこの駅まで延伸して連絡駅となり、犬山線と相互直通運転が開始された。現在の駅の構造は島式ホーム2面4線を有する高架駅であり、地下鉄鶴舞線内の列車は当駅で折り返す。

上小田井駅。◎1993（平成5）年8月12日　提供：名鉄資料館

◎西春駅

この西春駅と上小田井駅との間には、九ノ坪（九之坪）駅が置かれていた時代がある。西春駅は1912（大正元）年8月に開業。1992（平成4）年12月、鶴舞線との直通運転開始に先立ち、改良され上下副本線の新設、橋上駅舎化された。現在は島式ホーム2面を有し普通列車が待避する。駅の所在地は北名古屋市九之坪南町で、駅名の「西春」は西春日井郡にあった西春村に由来している。名古屋空港に向かう路線バスが発着している。

西春駅。◎1977（昭和52）年10月　提供：名鉄資料館

◎徳重・名古屋芸大駅

1912（大正元）年8月に徳重駅として開業した、現在の徳重・名古屋芸大駅。2005（平成17）年1月、駅の東西にキャンパスをもつ、名古屋芸術大学との契約により駅名の改称を行った。現在の駅の構造は相対式ホーム2面2線を有する地上駅で、駅舎は上下線それぞれに存在する。

徳重駅。◎1986（昭和61）年3月　提供：名鉄資料館

◎大山寺駅

犬山線は五条川を渡って岩倉市に入り、大山寺駅に至る。大山寺駅は当区間の開通時には存在せず、1915（大正4）年2月に開業している。駅の所在地は岩倉市大山寺町で、現在の駅の構造は相対式ホーム2面2線を有する地上駅である。「大山寺」の駅名は、この地にあった大山寺に由来するというが、詳細は不明である

◎岩倉駅

かつては一宮線、岩倉支線（当初は名古屋電気鉄道の小牧線）との分岐駅であった犬山線の岩倉駅。駅の開業は1912（大正元）年8月で、このときは一宮線との分岐駅だった。1920（大正9）年9月、小牧線が開業。1941（昭和16）年8月、当駅以南の一

岩倉駅。岩倉支線、一宮線廃止とバス化により、駅前は小牧、一宮方面に向かうバスターミナルとなった。
◎昭和41年頃　提供：名鉄資料館

宮線が犬山線に編入された。1948（昭和23）年5月、大曽根線が小牧線、小牧線が岩倉支線と路線名が改称された後、1964（昭和39）年4月に岩倉支線は廃止された。かつて岩倉には、昭和30年代まで、乗務区、検車区が置かれ犬山線の輸送の要であった。また、戦前には岩倉～大山寺間に稲荷前駅が存在した。

　駅の所在地は岩倉市本町1丁田で、駅の北西に岩倉市役所が置かれている。また、駅南東の下本町には「城址（しろあと）」の地名があり、かつては岩倉城が存在した。1479（文明11）年、織田敏広により築城された後、1559（永禄2）年に織田信長に攻められて落城した。跡地には岩倉城址の石碑などが建てられている。また、近隣の神明生田神社の境内には山内一豊生誕地碑が建てられている。

岩倉駅。◎昭和35年頃　提供：名鉄資料館

◎石仏駅（いしぼとけ）

　石仏駅は1912（大正元）年8月に開業している。駅の所在地は岩倉市石仏町で、現在の駅の構造は相対式ホーム2面2線を有する地上駅である。この駅のすぐ北側を名神高速道路が通っている。石仏町にある曹洞宗の稲原寺には、地名、駅名の由来となった石仏（観世音菩薩）が安置されている。この石仏駅と布袋駅の間には戦前、小折口駅が存在した。

石仏駅。◎1986（昭和61）年12月　提供：名鉄資料館

◎布袋駅（ほてい）

　犬山線は、岩倉市から一宮市を経て、江南市に進んでゆく。一宮市内には駅は設置されておらず、次

の布袋駅は江南市布袋町に置かれている。現在の江南市は1954（昭和29）年に丹羽郡の布袋町、古知野町、葉栗郡の宮田町、草井村が合併して成立している。また、布袋町は1894（明治27）年に小折村が町制を敷いて成立しており、前身の小折村になる前には布袋野村が存在した。

布袋駅は1912（大正元）年8月に開業している。駅の構造は島式ホーム2面4線を有する地上駅であったが、2017（平成29）年6月に上り線、2020（令和2）年5月に下り線が高架ホームに切り替わり、高架駅と変わっている。駅の北東、犬山線の線路沿いに県立尾北高等学校、江南市立布袋中学校が存在する。

布袋駅。◎1987（昭和62）年7月　提供：名鉄資料館

◎江南駅

江南駅は、人口約9万7000人が暮らす、江南市中心部の玄関口となっており、駅南側の線路沿いには江南市役所が置かれている。駅の所在地は江南市古知野町であり、1954（昭和29）年に江南市が誕生する前には、丹羽郡に古知野町が存在した。江南駅は1912（大正元）年8月、古知野駅として開業している。1981（昭和56）年11月、江南駅と改称した。現在の江南駅の構造は島式ホーム1面2線を有する地上駅で、地下に改札口が置かれている。現在、この駅は犬山線では最も利用者の多い駅となっている。

古知野（現・江南）駅。
◎1972（昭和47）年2月　提供：名鉄資料館

古知野（現・江南）駅。
◎1980（昭和55）年12月　提供：名鉄資料館

◎柏森駅

北東に向かって延びる犬山線は、この柏森駅の付近では扶桑町と大口町の境界付近を走ることとなる。柏森駅が置かれているのは扶桑町柏森で、扶桑町南部と大口町の玄関口の役割を果たしている。駅は1912（大正元）年8月に開業している。現在の駅の構造は島式、単式を組み合わせた2面3線のホームを有する地上駅。江南〜柏森間には戦前、宮後駅が置かれていた。

柏森駅。◎1961（昭和36）年12月21日　提供：名鉄資料館

柏森駅。◎1988（昭和63）年1月　提供：名鉄資料館

犬山口駅。駅前に停車している車は名犬自動車のバス。◎昭和5年頃　提供：名鉄資料館

◎扶桑駅

　1912（大正元）年8月、高雄駅として開業、1913（大正2）年3月に下野駅と変わり、1948（昭和23）年2月の現在の駅名である「扶桑」となった。駅の所在地は扶桑町大字高雄で、1906（明治39）年に扶桑村が誕生する前には高雄村、柏森村などが存在した。扶桑村は1952（昭和27）年に町制を施行し、扶桑町が成立した。現在の駅の構造は島式ホーム2面4線の待避可能な構内を有する橋上駅である。駅の西側には扶桑町の町役場が置かれている。

扶桑駅。◎1978（昭和53）年8月　提供：名鉄資料館

◎木津用水駅

　この木津用水駅は、駅の東側を流れる木津用水（合瀬川）が駅名の由来となっており、犬山市と扶桑町の境界付近に置かれている。駅の開業は1912（大正元）年8月で、太平洋戦争中の1944（昭和19）年に休止し、1952（昭和27）年11月に復活した。北側の木曽川河畔には東洋紡績犬山工場が立地し、戦後この駅から専用側線が敷設された。下り線側だけからの出入りが可能で、貨車の出入りは犬山を経由した。東洋紡は専用機関車を準備したが、1968（昭和43）年に廃止された。駅の所在地は扶桑町高雄で、現在の駅の構造は相対式ホーム2面2線を有する地上駅（無人駅）である。

◎犬山口駅

　犬山口駅は1912（大正元）年8月、犬山線の駅として開業している。1925（大正14）年4月、広見線（開業時は今渡線）が開通して分岐点となったが、1946（昭和21）年3月に広見線の起点が犬山駅に変更されたことで、再び単独駅となった。駅の所在地は犬山市犬山末友で、現在の駅の構造は相対式ホーム2面2線を有する地上駅である。

◎犬山駅

　犬山駅は犬山線、広見線、小牧線が分岐する名鉄の主要駅のひとつである。各線の開業では、犬山線が最も早い1912（大正元）年8月で、このときは終着駅だった。1926（大正15）年5月に犬山橋（現・犬山遊園）駅まで延伸。1927（昭和2）年4月に現在地に移転した。1931（昭和6）年4月、大曽根（現・小牧）線と接続。1964（昭和39）年3月小牧線、翌年3月広見線が昇圧されると構内は1500Vに統一された。その後1985（昭和60）に構内はずれの広見線

犬山駅。◎昭和48年頃　提供：名鉄資料館

沿いに犬山検車場が開設されると以前にもまして、重要な拠点駅となり構内配線も拡充3面6線の発着線持ち、橋上駅化され東西の駅前広場も整備され、犬山地区に立地する明治村、リトルワールド、モンキーパーク等の施設へのバスも発着する。

　駅の所在地は犬山市犬山富士見町で、駅西側の名鉄の線路沿いに犬山市役所が存在する。また、この西側には愛宕神社が鎮座し、市立図書館が置かれている。また北西に位置する国宝犬山城への道中は城下町を散策しながら行くことができる。

犬山駅。◎1961（昭和36）年12月　提供：名鉄資料館

◎犬山遊園駅

　犬山遊園駅は1926（大正15）年5月、犬山線の延伸時に犬山橋駅として開業している。その後、太平洋戦争中の1944（昭和19）年に休止し、1947（昭和22）年4月に営業を再開した。1949（昭和24）年12月、当時木曽川畔にあった遊園地を売り込むために現駅名に改称し、現在の日本モンキーパークの拡充、犬山成田山の建立等に努めた。1962（昭和37）年3月にモノレール線の開業と犬山地区の観光施設への窓口駅として活躍したが、2008（平成20）年12月にはモノレールも廃止された。現在の駅の構造は相対式ホーム2面2線を有する地上駅で、ミュースカイ、

快速特急、特急などすべての列車が停車する。

　駅の北側には木曽川に架かる犬山橋があり、当初の駅名の由来となっていた。この駅から北東に離れた木曽川沿いには、桜の名所として知られる桃太郎公園、桃太郎神社が存在する。この木曽川沿いには桃太郎伝説が残っており、「犬山」は家来の犬がいた場所といわれている。

◎新鵜沼駅

　新鵜沼駅は、犬山線の駅として1926（大正15）年10月に開業した。その後、各務原鉄道の東鵜沼駅が1927（昭和2）年9月に開業して、連絡駅となった。1931（昭和6）年2月、名岐鉄道の駅となった新鵜沼駅と東鵜沼駅は統合されて、改めて新鵜沼駅が成立する。この新鵜沼駅の北東には1921（大正10）年11月に開業した、高山本線の鵜沼駅が置かれている。

　この新鵜沼駅の所在地は各務原市鵜沼南町5丁目で、現在の駅の構造は単式1面1線、島式2面4線を組み合わせた3面5線のホームを有する地上駅。各務原線と犬山線は直通運転が行われている。かつては垂直方向に両線のホームが存在したほか、両線を結ぶ線上にもホームも存在し、犬山線と高山本線を結ぶ連絡線もあった。2009（平成21）年3月には新鵜沼駅の東西を結ぶ橋上自由通路が完成し、橋上駅である高山本線の鵜沼駅とも結ばれた。

　新鵜沼駅の北東にあたり、木曽川と中山道、高山本線が通るすぐ西側にある貞照寺は、真言宗智山派の寺院であるが、1933（昭和8）年に女優として有名な川上貞奴が建立した寺として知られている。夫の俳優、川上音二郎とともに出掛けた欧米巡業で名声を得た貞奴は、音二郎の死後、実業家の福澤桃介のパートナーとして、晩年は名古屋市内で暮らしていた。この貞照寺と中山道を挟んだ東側には、別荘だった萬松園（現・サクラヒルズ川上別荘）が存在していた。貞奴が私財で建立した貞照寺には、貞奴縁起館が建てられている。

犬山遊園駅。◎1962（昭和37）年3月10日　提供：名鉄資料館

新鵜沼駅。◎1978（昭和53）年1月　提供：名鉄資料館

7700系は貫通型の強みを生かして分割特急に運用されることが多かった。分割特急は2つの愛称・行先を表記した行先系統板がよいアクセントとなっていた。◎枇杷島分岐点〜下小田井 1979（昭和54）年6月24日 撮影：寺澤秀樹

高架化された犬山線上小田井付近を走る大衆冷房車5500系。登場以来40年近く経っていたが第一線で活躍していた。画面左端の先で地下から出てきた名古屋市営地下鉄鶴舞線と合流し、東海交通事業城北線の高架線と交差する。◎上小田井〜中小田井 1996（平成8）年11月 撮影：安田就視

布袋で入換中のデキ300。布袋は犬山線で最後まで貨物扱いを行っていた。当時は貨物側線・ホームがあり、鵜沼からの貨物列車が到着すると慌ただしく入換が行われた。◎布袋 1983（昭和58）年12月 撮影：寺澤秀樹

古知野駅の賑わい。古知野駅は1974（昭和49）年に改修されてこの駅舎もなくなり、1981（昭和56）年には江南駅と改称された。現在、犬山線で乗降客最大の駅。◎古知野 1958（昭和33）年頃　提供：名鉄資料館

柏森駅に停車中のデキ100形104。犬山線に限らず、昔の主要駅には貨物側線があり、旅客列車の合間を縫って貨物列車が運行された。◎柏森　1961（昭和36）年12月21日　提供：名鉄資料館

地下鉄鶴舞線と相互直通運転を開始した頃の上小田井。駅の真上を名古屋第2環状自動車道が横切り、名古屋方で東海交通事業城北線と交差する。◎上小田井　1993（平成5）年
提供：名鉄資料館

犬山方から見た犬山口駅の遠景。1946（昭和21）年まで、広見線は犬山口が起点だった。広見線の電車は左端の線路手前側から犬山線の上下線を渡り右端のホームへ進入した。◎犬山口　1943（昭和18）年頃　◎提供：名鉄資料館

運転開始直後のキハ8000系の高山線直通「準急たかやま」号と犬山モノレール。当時の名鉄の最新車両の顔合わせ。
◎犬山遊園　1965（昭和40）年　提供：名鉄資料館

大きな荷物を持った犬山駅の乗換客。この当時、犬山線（1・2番線）は1500Ｖ、小牧・広見線（3・4番線）は600Ｖで直通運転は行われていなかった。◎犬山　1959（昭和34）年頃　提供：名鉄資料館

犬山駅停車中のデキ250形251、デキ250形は、関西電力が八百津の先にある丸山ダム建設用に製造し、ダム完成後名鉄へ譲渡。◎犬山　1958（昭和33）年12月31日　提供：名鉄資料館

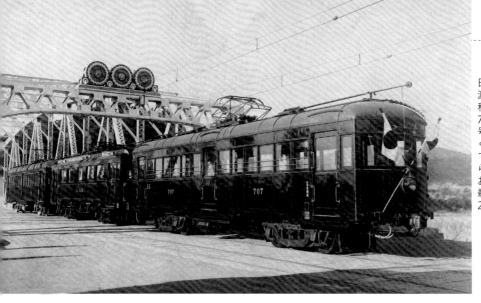

日の丸の旗を飾って犬山橋を渡るお召し列車。この年（昭和2年）に製造されたデセホ700形が、中間に御料車トク3号を挟んだ3両編成。このすぐ右が犬山橋駅（現・犬山遊園）で、復路の天皇陛下はそこからご乗車。従ってこの列車はお召しの回送。◎犬山橋〜新鵜沼　1927（昭和2）年11月20日　提供：名鉄資料館

犬山橋を渡るモ830形831、モ831-ク2281の編成。◎犬山遊園〜新鵜沼　1952（昭和27）年6月27日　撮影：権田純朗

犬山橋を渡るデキ250形252牽引の貨物列車。デキ250形は、関西電力が八百津の先にある丸山ダム建設用に製造し、ダム完成後名鉄へ譲渡。252は昇圧し1500V線で使用。◎犬山遊園〜新鵜沼　1967（昭和42）年　撮影：清水 武

座席指定特急用に整備された
パノラマカー 7000系白帯車4
両の特急河和行き。背後は犬
山遊園駅と動物園駅を結んで
いたモノレール線。1962（昭
和37）年3月に開通した日本
初の跨座式モノレールで、開通
時に投入された2編成が2008
（平成20）年12月の廃止まで運
行された。◎犬山遊園　1984
（昭和59）年6月6日　撮影：
安田就視

1926（大正15）年に開通した
鉄道と道路の併用橋、犬山橋
を渡るキハ8000系（先頭はキ
ハ8002）の高山本線直通特
急北アルプス号。1965（昭和
40）年登場の準急たかやま号
は1976（昭和51）年から特急
北アルプスになり、毎年4月
から11月までは富山地方鉄
道立山まで運行された。◎犬
山遊園～新鵜沼　1984（昭和
59）年6月6日
撮影：安田就視

木曽川に架かる道路併用橋犬
山橋を渡る5200系（中間車は
5000系のモ5150）の急行河和
行き。犬山橋は長野電鉄の村
山橋とともに鉄道道路併用橋
として知られていたが、2000
（平成12）年に下流側に道路
専用橋が完成し、かつての併
用橋は鉄道専用橋に生まれ変
わった。◎犬山遊園～新鵜沼
1984（昭和59）年6月6日　撮
影：安田就視

各務原線

路線DATA

起点：名鉄岐阜

終点：新鵜沼

開業：1926（大正15）年1月21日

　各務原線は、名鉄岐阜駅と新鵜沼駅を結ぶ路線で、新鵜沼駅など多くの駅が所属する各務原（市）という地名を線名にしている。名鉄岐阜駅で名鉄の名古屋本線、新鵜沼駅で名鉄犬山線に接続しているほか、この2つの起終点駅と新那加駅、名電各務原駅において、JR高山本線の駅と連絡している。このことでもわかるように、路線はほぼ高山本線に沿って走っているが、JR高山本線では岐阜駅、長森駅、那加駅、蘇原駅、各務ケ原駅、鵜沼駅の6駅が置かれているのに対し、各務原線には起終点駅を含めて18駅が存在する。

　この線は、名鉄の前身のひとつで、当初は美濃電気軌道の子会社であった各務原鉄道が建設した路線で、各務原鉄道は1924（大正13）年4月に設立された。1926（大正15）年1月、安良田（後に廃止）〜補給部駅前（後の各務野、現在の三柿野）間が開業。同年8月に各務野〜二聯隊前（現・名電各務原）間が延伸し、1927（昭和2）年9月に二聯隊前〜東鵜沼（現・新鵜沼）間が開通。さらに1928（昭和3）年12月に長住町（現・名鉄岐阜）〜安良田間が開通して全通となり、当初の起終点駅だった安良田駅は廃止された。

　全長17.6キロの各務原線には現在、18駅があるが、名鉄岐阜〜高田橋間の6駅は岐阜市、新加納〜新鵜沼間の12駅は各務原市に位置している。かつては安良田駅のほかに、競馬場駅が存在したが、名鉄線の中では廃駅の数は少ない。また、各駅紹介の中でそれぞれ記述するが、沿線には各務原陸軍飛行場をはじめとして、飛行第二連隊、岐阜陸軍飛行学校など軍隊関係の施設が点在しており、戦前の駅名には軍隊に関連したものが多かった。現在も六軒駅、三柿野駅の南側には、航空自衛隊岐阜基地が広がっている。

◎田神駅

　岐阜市入舟町に置かれている田神駅は、かつては田神線との乗り換え駅だった。1926（大正15）年1月、各務原鉄道の駅として開業。1970（昭和45）年6月、田神線が開通して接続駅となった。この田神駅と美濃町線の競輪場前駅を結んでいた田神線は、2005（平成17）年4月に廃止され、再び単独駅となっている。現在の駅の構造は、相対式ホーム2面2線を有する地上駅である。この駅付近では、各務原線は高山本線とは少し離れた北側を走っている。

田神駅。◎昭和34年頃　提供：名鉄資料館

◎細畑駅（ほそばた）

　細畑駅は1926（大正15）年1月、各務原鉄道の駅として開業している。駅の所在地は岐阜市細畑5丁目である。このあたりには1889（明治22）年に発足した細畑村が存在し、1897（明治30）年に切通村、高田村などと合併して、南長森村に変わっている。この南長森村は1940（昭和15）年に岐阜市に編入されている。細畑駅は1967（昭和42）年2月に無人駅となり、1979（昭和54）年12月に高架化された。

◎切通駅（きりどおし）

　切通駅は、岐阜市切通2丁目に置かれており、岐阜市になる前は稲葉郡の南長森村で、さらに以前は切通村が存在した。駅の開業は1926（大正15）年1月で、現在の駅の構造は相対式ホーム2面2線を有する地上駅である。駅の南側には、境川の流れがあり、川の畔にはバスケットボールの名門として有名な私立岐阜女子高等学校が置かれている。

◎手力駅（てぢから）

　岐阜市蔵前7丁目にある手力（てぢから）駅。駅の開業は1926（大正15）年1月で、現在の駅の構造は

相対式ホーム2面2線を有する地上駅である。

手力駅の北側には、高山本線における岐阜駅の隣駅である長森駅が置かれている。長森駅の開業1920（大正9）年11月で、所在地は蔵前2丁目である。また、駅の南側、隣接する蔵前6丁目には平安時代の860（貞観2）年に創建された、天手力雄神を祀る手力雄神社が鎮座し、火祭りで有明である。長森村の郷社であり、関ヶ原合戦の前には、西軍の織田氏が祈願所としていたことから、徳川家康の東軍の襲撃を受けて社殿などが焼け、その後に再建されている。

◎高田橋駅

このあたりの各務原線は、高山本線の南側で東西にほぼ真っすぐに伸びている。次の高田橋駅との距離はわずか0.6キロ。高田橋駅の開業は1926（大正15）年1月で、太平洋戦争中の1944（昭和19）年に休止され、1946（昭和21）年に無人駅として復活した。現在の駅の構造は相対式ホーム2面2線を有する地上駅である。この駅の所在地は岐阜市高田2丁目で、東側には境川が流れており、桜並木が広がっている。

◎新加納駅

各務原線における各務原市内で最初の駅は、この新加納駅である。駅の所在地は各務原市那加浜見町1丁目で、駅の開業は1926（大正15）年1月である。この地域では既に名岐線（現・名古屋本線）に加納駅（初代）が存在していたため、「新」がつく駅名となった。駅の構造は相対線ホーム2面2線をもつ地上駅である。

◎新那加駅

各務原市に入った各務原線は、北側の高山本線とほぼ並行して真っすぐに走っている。この新那加駅のすぐ北東には、JRの那加駅が置かれている。駅の開業は那加駅の方が早く、1920（大正9）年11月

であり、名鉄の新那加駅は約5年遅れた1926（大正15）年1月、各務原鉄道の各務野駅として開業し、同年7月現在の駅名である「新那加」に改称した。600V時代は車両基地、乗務区もあり各務原線輸送の中枢であった。さらに国鉄線の連絡駅であり、戦後は三柿野からの朝鮮半島への米軍の兵員、資材の輸送列車が国鉄蒸気機関車に牽引された列車が数駅間の線路を占有して活躍したという。駅の構造は島式ホーム1面2線を有する地上駅である。

駅の北側には、岐阜県立各務原西高等学校が存在している。また、南西には岐阜県金属工業団地があり、その南側には国道21号の那加バイパスが通っている。

新那加駅。◎1959（昭和34）年　提供：名鉄資料館

◎市民公園前駅

1988（昭和63）年に全面完成した各務原市民公園の目の前に置かれている市民公園前駅。この駅は1926（大正15）年1月に高農駅として開業し、太平洋戦争中の1944（昭和19）年に休止し、戦後の1946（昭和21）年9月に再開された。1949（昭和24）年12月、「農大前」に駅名を改称すると、1954（昭和29）年10月には「岐阜大学前」に。1989（平成元）年7月、市民公園の完成を受けて、現在の駅名となった。この駅の周辺は桜の名所でもあり、公園内にある各務原市立中央図書館の最寄り駅でもある。

◎各務原市役所前駅

この各務原市役所前駅と隣駅の市民公園前駅は、わずか0.6キロしか離れていないが、こちらの駅も駅名の変遷を繰り返した歴史がある。1926（大正15）年1月に一聯隊前駅として開業し、1938（昭和13）年12月に各務原運動場前駅に改称される。戦後の1949（昭和24）年12月、「運動場前」に改称すると、1960（昭和35）年11月には「各務原飛行場」に。さらに2005（平成17）年1月、現在の駅名である「各務原市役所前」に駅名が変わった。

新那加駅。◎1971（昭和46）年3月　提供：名鉄資料館

この駅の所在地は、各務原市那加桜町2丁目で、南側には各務原市役所が置かれている。各務原（かかみがはら）市は1963（昭和38）年、稲葉郡の那加町、稲羽町、鵜沼町、蘇原町が合併して誕生している。1965（昭和40）年には市役所が現在地に移転。1973（昭和48）年に現在の市庁舎が完成した。現在の人口は約14万3000人である。「各務原（かかみがはら）」の由来は古来、美濃国に各務原郡があり、さかのぼれば鏡を作る鏡作部がいたからとされている。

各務原飛行場（現・各務原市役所前）駅。
◎1976（昭和51）年5月　提供：名鉄資料館

◎六軒駅

六軒駅という名称の駅は、お隣の三重県松阪市にも存在しており、この先輩駅は参宮鉄道からスタートして、現在はJR紀勢本線の六軒駅となっている。各務原線の六軒駅は、1926（大正15）年1月に六軒駅（ろくけんえき）として開業し、一時は飛行団前駅となっていた。そして1938（昭和13）年12月に現在の六軒駅（ろっけんえき）に改称された。駅の南側には、航空自衛隊岐阜基地が広がっている。

◎三柿野駅

かつての各務原鉄道（現・各務原線）には、「○○前」といった名称の駅が多かった。そのため、施設の移転や名称が変わるたびに、駅名の変更を繰り返す駅が存在した。この三柿野駅もそうした駅のひとつで、1926（大正15）年1月の開業当初は「補給部前」で、同年7月に「各務野」に変わり、1931（昭和6）年6月に各務原補給部前駅に変わり、現在地に移転した。さらに名古屋鉄道の路線となった1935（昭和10）年8月に航空廠前駅になり、1938（昭和13）年12月に現在の駅名である「三柿野」となった。

駅の所在地は各務原市蘇原三柿野町で、現在の駅の構造は単式、島式ホームを組み合わせた2面3線の地上駅である。駅の南側には、航空自衛隊岐阜基

地が広がっている。また、駅の北側には川崎重工業岐阜工場が存在し、北西には高山本線の蘇原駅が置かれている。

三柿野駅。◎1972（昭和47）年4月12日　提供：名鉄資料館

◎二十軒駅

江戸時代、このあたりを通っていた中山道には、東に鵜沼宿、西に加納宿が置かれていた。その間は人家が少なく、2つ手前の六軒駅とともに、この二十軒駅も20軒の家があったことが駅名の由来となっている。駅の開業は1926（大正15）年1月である。駅の所在地は各務原市鵜沼三ツ池町3丁目。

◎名電各務原駅

名電各務原駅は、1926（大正15）年1月の開業当初は「二聯隊前」の名称で、1938（昭和13）年12月に現在の駅名になった。1979（昭和54）年に現在の駅舎が完成。駅の構造は相対式ホーム2面2線を有する地上駅で、無人駅となっている。

駅の北側、中山道（国道21号）を越えた場所には、JR高山本線の各務ケ原駅が置かれている。この駅は1920（大正9）年11月、高山線（現・高山本線）の岐阜〜各務ケ原間の開通時に終着駅として開業し、1921（大正10）年11月に美濃太田駅まで延伸したことで途中駅に変わった。

名電各務原駅。◎1980（昭和55）年9月　提供：名鉄資料館

◎苧ヶ瀬駅

苧ヶ瀬駅は1927（昭和2）年9月に開業している。駅の所在地は各務原市鵜沼各務原町5丁目である。名電各務原駅と苧ヶ瀬駅の間には、かつて競馬場前駅が存在した。この駅は1932（昭和7）年4月、各務原競馬場の最寄り駅として開業した臨時駅で、競馬開業日のみ営業していた。1939（昭和14）年に各務原競馬場とともに廃止された。

◎羽場駅

このあたりの各務原線は、北側を走る中山道（国道21号）とかなり接近して走っている。羽場駅は1927（昭和2）年9月に開業している。駅の所在地は各務原市鵜沼羽場町6丁目である。近隣に有形文化財に登録された芝居小屋の「皆楽座」がある。

◎鵜沼宿駅

江戸時代の中山道には、鵜沼宿が置かれていた。現在、この駅の北東には旧中山道が通り、かつての旅籠「絹屋」の建物を残した中山道鵜沼宿町屋館が存在する。この西側には、鵜沼宿脇本陣も復元されている。また、6世紀後半の大型の円墳である二ノ宮神社古墳があり、墳丘がそのまま二ノ宮神社の境内となっている。

各務原市鵜沼西町4丁目に置かれている鵜沼宿駅は、1927（昭和2）年9月に開業している。駅のすぐ北側に高山本線が走っている。

昔の新鵜沼駅は国鉄鵜沼駅に突き当たる形の終着駅であった。各務原線は国鉄に並行し、両線を結ぶ連絡線により三角形のホームがあった。手前には犬山線と国鉄線を結ぶ貨物列車用の連絡線が見える。この連絡線の最後は北アルプス号の専用連絡線となっていたが、2001（平成13）年10月の同号廃止で役目を終えた。1964（昭和39）年の各務原線昇圧による犬山〜各務原線直通運転開始に伴い、新鵜沼駅は大改造された。◎新鵜沼　1962（昭和37）年頃　提供：名鉄資料館

新岐阜駅は本線と各務原線の
ホームが離れている。写真は
各務原線 新鵜沼、犬山方面へ
の駅舎。本線側のホームとは
連絡通路がある。駅舎には日
本ライン下り（乗船場は今渡）
の看板が掲げられている。
◎新岐阜　1962（昭和37）年
6月25日　撮影：荻原二郎

1928（昭和3）年12月、各務
原鉄道 長住町駅として開業。
1948（昭和23）年4月に新岐
阜駅に統合され、名古屋本線
ホームとの間に連絡橋が設置
された。各務原線ホームに到
着した流線形3400系。新岐
阜は2005（平成17）年1月に
名鉄岐阜と改称。◎新岐阜
1964（昭和39）年5月5日
撮影：荻原二郎

新岐阜〜三柿野の折返し運用
に入った800系。モ801は貫
通ドアのプレスドア化・前照
灯のシールドビーム2灯化が
実施されて間もない頃の姿。
◎新岐阜　1982（昭和57）年
6月　撮影：寺澤秀樹

長住町（現・名鉄岐阜）に停車する、白帯を巻いた進駐軍専用車（GIカー）のモ709号。各務原線沿線には戦前は軍隊、終戦直後は進駐軍が駐屯した。
◎長住町　1950（昭和25）年頃　提供：名鉄資料館

各務原線犬山線直通記念列車の発車式。5000系が各務原線の新岐阜（現・名鉄岐阜）を出発する。各務原線の1500V昇圧と、鵜沼駅の改良工事が完了し直通運転が開始された。
◎新岐阜　1964（昭和39）年3月15日　提供：名鉄資料館

6000系2両（手前はモ6234）の普通三柿野行き。80年代に入ると従来の旧型AL車、HL車は急速に6000系に置き換えられた。美濃町線直通車用の低いホームと画面後方に美濃町線への短絡線（田神線）が見える。短絡線は2005（平成17）年4月1日で廃止。◎田神1984（昭和59）年6月6日　撮影：安田就視

荒田川橋梁を渡る600Ⅴ時代の各務原線電車。美濃町線電車を新岐阜へ乗り入れるための田神線の工事が始まっていた（開通は1970年）。
◎田神〜細畑　1963（昭和38）年　提供：名鉄資料館

高架化工事が進む細畑駅付近、1979（昭和54）年12月に完成した。◎細畑〜田神
1979（昭和54）年
提供：名鉄資料館

那加車庫とク2130形2131。ク2130形は元国鉄客車で特徴のある形状だった。右横には広いヤードがあり、進駐軍貨車輸送の中継基地だった昔が偲ばれる。
◎新那加　1959（昭和34）年1月　提供：名鉄資料館

新那加駅の構内全景。新那加には各務原線の電車の車庫があり、隣接する国鉄那加駅との間で貨車の継送を行う拠点駅だった。
◎新那加　1959（昭和34）年頃　提供：名鉄資料館

新境川の両側の堤を埋め尽くす桜並木。各務原市の桜の名所で、毎年大勢の花見客で賑わう。◎市民公園前〜新那加　2006（平成18）年4月　撮影：田中義人

朝鮮戦争が激化すると戦時輸送が最盛期を迎え、三柿野駅側線からの貨物輸送が激増し、国鉄のC11形などの機関車が各務原線新那加〜三柿野間へ入線した。◎三柿野、1952（昭和27）年4月
提供：名鉄資料館

複線化工事中の各務原線。1964（昭和39）年3月に各務原線全線の複線化と1500V昇圧工事が完成した。
◎新鵜沼〜鵜沼宿　1963（昭和38）年　提供：名鉄資料館

各務原線の電車から見た、国鉄高山線の貨物列車の後ろ姿。各務原線は600Vの単線だった。向こうに見える駅は鵜沼宿と思われる。◎新鵜沼〜鵜沼宿　1955（昭和30）年7月30日　提供：名鉄資料館

大規模改良が実施され、様相が大きく変わった新鵜沼。当時は2面3線のレイアウトで、右の3番線は名古屋方面への折り返し線として使用されていた。手前の右に向かう線路は高山本線との連絡線で、「北アルプス」は新鵜沼のホームには寄らずにこの線路を通過していた。◎新鵜沼　1981（昭和56）年12月　撮影：寺澤秀樹

新鵜沼に停車中の各務原線電車モ700形などの3連。各務原線は電圧600Ｖで、ホームは国鉄線に並行していた。この翌年に昇圧、犬山線と直通運転開始するため駅は大改造された。◎新鵜沼　1963（昭和38）年7月7日　撮影：渡利正彦

国鉄（現・JR）の高山本線に鵜沼駅が置かれている一方、この当時の新鵜沼駅は、各務原線と犬山線の駅が一体化されていなかった。犬山線は愛知県側から犬山橋の上を渡ってきたが、現在は鉄道橋が分離されている。また、犬山線と高山本線を結ぶ連絡線の存在もあった。木曽川沿いに見える鵜沼の市街地は現在、高山本線を越えて北側にも広がっている。

1930年
（昭和5年）

新鵜沼に入線する新岐阜発の5000系による急行内海行き。1964年に新鵜沼駅が改良され、各務原線と犬山線を結ぶカーブ状のホームができた。画面右奥に国鉄高山本線の鵜沼駅ホームが見える。◎新鵜沼 1984（昭和59）年6月6日 撮影：安田就視

6000系4両編成の急行三柿野行き。1980年代にはデイタイムに毎時1本、河和線河和と各務原線三柿野を新名古屋、犬山経由で結ぶ急行が運転された。手前が単線非電化の国鉄高山本線。岐阜〜鵜沼間は国鉄と名鉄が平行している。◎新鵜沼〜鵜沼宿 1984（昭和59）年6月6日 撮影：安田就視

白帯が復活した7011F編成のお披露目運転は団体列車として運転され、各務原線も運転区間に入っていた。7011F編成は定期運用終了後に最後に残った7000系として最終運転までの間、各種さよなら関連のイベント列車に活躍した。◎鵜沼宿〜羽場 2008（平成20）年10月19日 撮影：寺澤秀樹

広見線

路線DATA

起点：犬山

終点：御嵩

開業：1920（大正9）年8月21日

犬山駅と御嵩駅の間を結ぶ名鉄の広見線は、大正時代に名古屋鉄道、東濃鉄道が建設した路線である。まず、1920（大正9）年8月に軽便鉄道だった東濃鉄道が広見（現・新可児）～御嵩（現・御嵩口）間を開業。この区間は東美鉄道が762ミリから1067ミリに改軌して、1943（昭和18）年3月に名古屋鉄道の東美線となっている。また、西側の路線は1925（大正14）年4月、名古屋鉄道が今渡線の犬山口～今渡（現・日本ライン今渡）間を開業。1929（昭和4）年1月に今渡～広見間を延伸し、今渡線を広見線と改称した。

戦後の1946（昭和21）年3月、犬山口～富岡前間が廃止される一方、犬山～富岡前間が開通し、広見線の起点が犬山駅に変わった。1948（昭和23）年、東美線のうち、新広見（現・新可児）～御嵩間が広見線に編入された。このとき、伏見口～八百津間は、八百津線として切り離された。現在の広見線（犬山～御嵩間）は22.3キロで、起終点駅を含めて11駅が存在する。犬山～新可児間は複線、新可児～御嵩間は単線で、列車の運行は新可児駅を境に東西で分かれている。

この広見線の起終点駅である犬山駅では犬山線、小牧線と接続している。また、新可児駅ではJR太多線と連絡している。広見線に所属する駅のうち、犬山～善師野間の3駅は愛知県犬山市、西可児～明智間の5駅は岐阜県可児市、顔戸～御嵩間の3駅は岐阜県可児郡御嵩町に置かれている。1982（昭和57）年に可児市が誕生する前には可児町であり、1955（昭和30）年までは可児郡の広見町、今渡町などが存在した。この線名は1889（明治22）年に成立した広見村に由来しており、1924（大正13）年に広見村から広見町に変わった。現在の可児市は人口約9万9000人で、名古屋市のベッドタウンとなっている。

◎富岡前駅

犬山駅を出た広見線はしばらく南に進み、やがて大きく東にカーブして、今度は愛知県道186号（木曽街道）の南側を北西に向かう。富岡前駅は1925（大正14）年4月、名古屋鉄道の駅として開業している。当時の隣駅は犬山口駅で、後にその間に東犬山駅が誕生している。富岡前駅の所在地は犬山市富岡株池である。駅の北西には京都大学霊長類研究所が存在する。

◎善師野駅

善師野駅は1925（大正14）年4月、名古屋鉄道の駅として開業している。駅の所在地は犬山市善師野真土である。この駅の付近には、江戸時代には木曽街道の善師野宿が置かれており、現在は愛知県道186号（木曽街道）と県道188号（木曽街道）が分岐している。

善師野駅。◎昭和30年代　提供：名鉄資料館

◎西可児駅

善師野～西可児間は、広見線で最も長い3.7キロの距離があり、途中で愛知県と岐阜県の県境を越えることとなる。次の西可児駅は、可児市帷子新町2丁

西可児駅。◎1982（昭和57）年1月　提供：名鉄資料館

目に置かれている。この西可児駅は1969（昭和44）年3月に開業しているが、戦前から戦後にかけては善師野〜可児川間に愛岐駅、帷子駅、春里駅の3駅が置かれていた。1925（大正14）年4月の今渡（現・広見）線の開業時に誕生したこの3駅が統合されて、1969（昭和44）年3月16日、西可児駅が誕生している。現在の駅の構造は相対式ホーム2面2線の地上駅である。駅の北側には、岐阜医療科学大学が存在している。

◎可児川駅

広見線は可児川を越えて、次の可児川駅に至る。この駅には南側を流れる川の名が付けられているが、過去にはさまざまな駅名を名乗っていた。1925（大正14）年4月、ライン遊園駅として開業し、太平洋戦争中の1943（昭和18）年11月、土田駅に改称。1949（昭和24）年12月、再びライン遊園駅に戻り、1969（昭和44）年11月に現在の駅名である「可児川」となった。駅の北東には大王製紙岐阜南工場が広がっている。なお、この駅の貨物扱いは1982（昭和57）年まで続いた。

可児川駅。◎昭和初期　提供：名鉄資料館

可児川駅。◎1992（平成4）年　提供：名鉄資料館

◎日本ライン今渡駅

1925（大正14）年4月、今渡（現・広見）線の開業時に今渡駅として開業したのが現在の日本ライン今渡駅である。「今渡」はかつての可児郡今渡町に由来し、「日本ライン」は木曽川を下る日本ライン下りから採られている。1969（昭和44）年11月、隣駅のライン遊園駅が可児川駅に改称したのに合わせて、現在の駅名である「日本ライン今渡」が採用されている。駅の所在地は可児市今渡で、現在は2006（平成18）年9月に竣工した三代目駅舎が使用されており、駅は相対式ホーム2面2線の地上駅（無人駅）である。なお、初代の駅舎は明治村に移設されている。駅の北側には木曽川が流れ、対岸の美濃加茂市との間に太田橋、新太田橋が架けられている。「名鉄資料館」は徒歩約20分である。

日本ライン今渡駅。◎1971（昭和46）年　提供：名鉄資料館

◎新可児駅

現在の可児市や可児郡の「可児」とは、このあたりで可児川が大きく湾曲して流れており、「曲（かね）」から転じたとされ、可児市には天台宗の古刹、蟹薬師（願興寺）が存在する。現在の可児市は人口約9万9000人の都市であり、その玄関口がJR太多線の可児駅とこの広見線の新可児駅である。両者はもともと、ひとつの駅であり、1918（大正7）年12月に東農鉄道の広見駅として開業している。
その後、1926（大正15）年9月に広見〜御嵩間が

新可児駅。◎1985（昭和60）年6月　提供：名鉄資料館

東美鉄道に譲渡され、新多治見〜広見間が国鉄太多線となった。そのため、広見駅は両線が使用していたが、1928（昭和3）年10月に現在地に移転。1929（昭和4）年1月、名古屋鉄道が広見〜今渡間を開業した。1930（昭和5）年には、名古屋鉄道・東美鉄道の駅が新広見駅として独立。両社が合併した後、1982（昭和57）年4月に新可児駅と改称した。現在の駅の構造は、頭端式ホーム2面3線を有する地上駅で、この駅で犬山方面、御嵩方面の列車がスイッチバックすることになる。駅の所在地は可児市下恵土今広である。駅の東側には、可児川の流れがある。

この新可児駅と明智駅の間には、かつて前波駅、学校前駅の2駅が存在した。前波駅は太平洋戦争中の1944（昭和19）年に休止、1969（昭和44）年に廃止された。学校前駅は2005（平成17）年1月に廃止されている。

◎明智駅

岐阜県には、2つの明智駅が存在する。ひとつは明知鉄道明知線の明智駅であり、もうひとつがこの名鉄広見線の明智駅である。明知鉄道の明智駅は、もとは国鉄（現・JR）の駅で、1985（昭和60）年11月に明知鉄道に転換する際に明知駅から明智駅となった。

一方、広見線の明智駅は1920（大正9）年8月、東農鉄道の伏見口駅として開業。その後、東美鉄道の駅となり、1930（昭和5）年4月に八百津線との分岐駅となった。1982（昭和57）年4月、明智に駅名を改称。2001（平成13）年10月に八百津線が廃止され、単独駅に戻っている。駅の所在地は可児市平貝戸。現在の駅の構造は島式、単式ホームを組み合わせた2面3線のホームを有する地上駅（無人駅）である。駅舎とホーム間は、構内踏切で結ばれている。駅名の「明智」は、この地にあった明知荘、明智光秀ゆかりの明智（長山）城に由来しており、駅の南には明智城跡が存在する。

◎顔戸駅

顔戸駅は1928（昭和3）年10月、東美鉄道の駅として開業している。駅の所在地は可児郡御嵩町顔戸で、田園に囲まれた現在の駅の構造は単式1面1線の地上駅で、1952（昭和27）年3月に無人駅となっている。この駅には駅舎、改札口は存在しない。駅の北側には中山道（国道21号）、南側には国道21号の可児御嵩バイパスが通っている。また、西側には東海環状自動車道が南北に走っており、広見線と交差する付近に可児御嵩インターチェンジが存在する。

伏見口（現・明智）駅。◎1981（昭和56）年9月　提供：名鉄資料館

◎御嵩口駅

御嵩口駅は1920（大正9）年8月、東濃鉄道の御嵩駅として開業。当時は終着駅だった。その後、東美鉄道、名古屋鉄道の駅となり、1952（昭和27）年4月に現在の御嵩駅まで延伸し、この駅は御嵩口駅と改称した。現在の駅の構造は単式1面1線の地上駅で、1963（昭和38）年10月に無人駅となっている。かつては貨物営業が行われていた。

◎御嵩駅

1952（昭和27）年4月、広見線は御嵩口〜御嵩駅の0.6キロが延伸して、この御嵩駅が開業した。このあたりは江戸時代、中山道49番目の宿である御嶽宿が存在した場所で、現在は可児郡御嵩町となっている。駅の所在地は御嵩口駅と同じ可児郡御嵩町中で、番地が違うだ

けである。駅の構造は端頭式1面1線の地上駅である。木曽街道の御嶽宿は、平安時代初期に最澄が創建したと伝わり、「蟹薬師」といわれた天台宗の寺院、願興寺の門前町として発達した。なお願興寺境内には、初代東濃鉄道平井社長の銘のある石塔がある。

東濃鉄道の試運転列車が御嵩（現・御嵩口）駅に到着。
◎1920（大正9）年　提供：名鉄資料館

御嵩駅。◎1981（昭和56）年2月　提供：名鉄資料館

愛岐トンネルを抜け御嵩に向かう3730系の後ろ姿。1965（昭和40）年3月、広見線は1500Vに昇圧した。3730系はその前年に登場。犬山〜新広見（現・新可児）間は1970（昭和45）年3月に複線化された。◎愛岐〜帷子（現・善師野〜西可児）1966（昭和41）年頃提供：名鉄資料館

流線形3400系の特急下呂号。昭和40年代には日本ライン今渡駅で下呂温泉行きの特急バスに連絡する特急下呂号が運転された。1968（昭和43）年に犬山〜善師野間は複線化された。◎富岡前〜善師野1969（昭和44）年10月 提供：名鉄資料館

広見線御嵩行きのモ750形2両編成。1928（昭和3）年〜1929年に製造された旧名古屋鉄道デボ750形で1932（昭和7）年、鵜沼から高山本線に乗り入れ8620形SLに牽引されて下呂まで運転された。今渡は日本ライン下りの入口で1969（昭和44）年に日本ライン今渡と改称。◎今渡 1964（昭和39）年5月5日 撮影：荻原二郎

愛知・岐阜の県境の愛岐トンネルを走るモ750形。当時の広見線は単線で電圧600Ｖ、トンネルの手前（犬山方）に愛岐駅、トンネルの向こうに帷子駅があった。◎愛岐〜帷子（現・善師野〜西可児）1962（昭和37）年　提供：名鉄資料館

県境の愛岐トンネルを走り抜ける7000系パノラマカー。上の写真の逆方向（岐阜県側）から撮影。◎善師野〜西可児　2006（平成18）年 8 月28日　撮影：田中義人

800系のさよなら運転に先立ち、800系の引退関連の各種アイテムに使用する写真撮影のため、当日掲出予定のさよならヘッドマークを装着した臨時回送列車が運転された。登場時のリバイバルカラーとなった3400系との離合はいい意味で予想外のハプニングとなった。◎善師野〜西可児　1996（平成 8 ）年 3 月　撮影：寺澤秀樹

鉄仮面の異名がある6500系4両の普通明智行き（先頭はク6503）画面後方の新可児駅には6000系と流線形3400系が停車中。手前の線路はJR太多線。JR可児駅と名鉄新可児駅は隣接しているが改札は分離されている。かつては貨車の授受が実施され、御嵩方面からの亜炭輸送、八百津の丸山ダム建設資材の輸送が行われた。◎新可児 1990（平成2）年9月14日 撮影：安田就視

伏見口（現・明智）で交換する列車。左の1番線は八百津行き5500系、隣の2番線は御嵩行き3700系、一番右の3番線には名古屋方面直通の7000系パノラマカーが停車している。◎伏見口 1972（昭和47）年5月7日 撮影：西川和夫

八百津線の乗り換え駅だった明智。八百津線の列車が発着するパターンの時は、行き違いとなる広見線の上下列車と八百津線列車の3本並びが見られた。◎明智 1992（平成4）年10月23日 撮影：寺澤秀樹

HL車3730系（先頭はク2739）の広見線明智～御嵩間折返し電車。御嵩は広見線と八百津線の分岐駅で画面手前が御嵩、八百津方、画面後方が新可児方。画面右側が八百津線ホーム。八百津線は2001（平成13）年10月1日廃止。◎明智　1990（平成2）年9月14日　撮影：安田就視

6000系4両の明智～御嵩間折返し電車。画面左側に八百津線八百津方面への線路が分岐している。昭和40年代前半には八百津線にもパノラマ特急が運転されていた。八百津線内の停車駅は兼山と八百津のみだった。◎明智　1990（平成2）年9月14日　撮影：安田就視

名鉄では閑散線区の経営合理化のため小型気動車のLEカー（キハ10形）を導入することになり、1984（昭和59）年9月から八百津線に投入された。翌年年3月から広見線の明智～御嵩間のデイタイム列車にも運用された。◎顔戸～明智1990（平成2）年9月14日　撮影：安田就視

御嵩まで運転された7000系パノラマカー。折返し犬山、新名古屋経由常滑線、河和線直通 河和行きとなる。前面展望室、運転台の側面がよくわかる。御嵩は中山道の宿場町御嶽宿があり古い建物が残っている。◎御嵩　1976（昭和51）年9月17日撮影：安田就視

小牧線

路線DATA

起点：上飯田

終点：犬山

開業：1931（昭和6）年2月11日

現在は廃止されている岩倉支線（岩倉〜小牧間）は、1920（大正9）年9月に開業したときには小牧線を名乗っていた。その後、城北線として開通して大曽根線となっていた路線が1948（昭和23）年5月、小牧線と改称されたのが、現在の小牧線のルーツである。従って、城北・大曽根線時代の歴史をたどると、1931（昭和6）年2月、名岐鉄道の城北線が上飯田〜新小牧（現・小牧）間で開業したことに始まる。同年4月、新小牧〜犬山間が延伸して、大曽根線と改称した。当初はガソリンカーが運行される非電化路線で、1942（昭和17）年7月に上飯田〜新小牧間、1947（昭和22）年11月に（新）小牧〜犬山間が電化された。1954（昭和29）年11月、わが国の鉄道で初めて小牧〜豊山信号所間、3.0キロにCTCを導入し、1956（昭和31）年には小牧線全線20.6キロのCTC化を実現した。この後、名鉄では他の単線区間にも採用され、保安装置の近代化と合理化を進めた。

起点の上飯田駅は名古屋市北区に置かれ、春日井市、小牧市を通り、犬山市に至る。線名は沿線の主要駅が置かれている、小牧市に由来している。この小牧市は現在の人口が約14万8000人。歴史的には、織田信長が初めて築城して居城とした小牧山城があり、小牧・長久手の戦いの舞台となった地として知られている。1955（昭和30）年に東春日井郡の小牧町、味岡村、篠岡村が合併して小牧市が成立した。また、春日井市は現在の人口約30万6000人で、愛知県第6位となっている。1943（昭和18）年6月、東春日井郡の勝川町、鳥居松村、篠木村、鷹来村が合併して、春日井市が成立した。

◎上飯田駅

名鉄小牧線の上飯田駅は1931（昭和6）年2月、名岐鉄道の駅として開業している。駅の所在地は名古屋市北区上飯田通1丁目で、2003（平成15）年3月に名古屋市営地下鉄の上飯田線が開通し、小牧線と相互直通運転を行っている。このときまでは、上飯田〜味鋺間は地上を通る単線区間だったが、地下化されて複線区間に変わった。この区間は上飯田連絡線株式会社が保有している。

現在の上飯田駅は島式ホーム1面2線を有する地下駅であり、名鉄と名古屋市営地下鉄の共同使用駅となっているが、地下鉄の開通前は頭端式ホーム1面2線をもつ地上駅の構造であった。また、かつて1971（昭和46）年まで、名古屋市電御成通線が通り、駅の東側には名古屋市電上飯田電車運輸事務所が存在したが、現在は上飯田バスターミナルとなっている。上飯田駅の北側には、矢田川と庄内川が流れており、2つの川に挟まれた地域は守山区となっている。このあたりの小牧線は地下を走っており、守山区内には駅が置かれていない。次の味鋺駅は、上飯田駅と同じ北区に置かれている。

上飯田駅。◎1975（昭和50）年3月　提供：名鉄資料館

◎味鋺駅

味鋺駅は1931（昭和6）年2月、名岐鉄道の城北線の駅として開業している。同年4月、城北線が大曽根線となって、この駅から分岐していた味鋺〜新勝川間は勝川線と呼ばれるようになった。勝川線は1936（昭和11）年4月に休止、1937（昭和12）年2月に廃止されて、この駅は単独駅に変わった。駅の所在地は名古屋市北区東味鋺2丁目である。現在の駅の構造は相対式ホーム2面2線の地上駅で、橋上駅舎を有している。この駅舎は2003（平成15）年3月、上飯田連絡線の開業時に誕生し、営業を開始した。小牧線は、この駅の少し南から地下区間になっている。駅の北側には新地蔵川、東側には八田川が流れている。

◎味美駅

小牧線にはこの味美駅以外にも、隣駅の味鋺駅（名古屋市北区）や味岡駅（小牧市）という「味」の字を含んだ3つの駅が存在している。こうした地名の由来の詳細は不明だが、味鋺神社と味美二子山古墳については古代の有力豪族である物部氏と関係があるとされている。味美駅は春日井市西本町1丁目に置かれており、駅の開業は1931（昭和6）年2月である。現在の駅の構造は島式ホーム1面2線を有する地上駅で、無人駅となっている。この駅の南側で、小牧線は東海交通事業城北線と立体交差し、西側（名鉄駅から南西）には同名の味美駅が置かれている。

味美駅。◎昭和54年頃　提供：名鉄資料館

味美駅。◎1981（昭和56）年4月　提供：名鉄資料館

◎春日井駅

小牧線は愛知県道102号（木曽街道、旧国道41号）の東側を北上する形で、この春日井駅の西側には県営名古屋空港（小牧空港）が広がっている。東側一帯には春日井市が広がっており、3キロ離れた東側にはJR中央本線の春日井駅が存在する。

駅名では、名鉄駅の方が先に「春日井」を名乗っていた。名鉄の春日井駅は1931（昭和6）年2月に開業した際、旧勝川町大字春日井に置かれていたこ

とから、駅名は同じままで現在に至っている。現在の名鉄春日井の構造は、島式ホーム1面2線を有する地上駅で、無人駅となっている。一方、JR駅は1927（昭和2）年12月、国鉄の鳥居松駅として開業。1946（昭和21）年5月に春日井駅と改称した。これは1943（昭和18）年6月、勝川町、鳥居松村などが合併して春日井市が成立したことによる。JR駅は旧鳥居村に存在していた。

◎牛山駅

1931（昭和6）年、小牧線の上飯田〜新小牧が開業し、牛山駅が開業した。牛山駅は春日井市牛山町に置かれている。駅の西側には県営名古屋空港（小牧空港）があるが、こちらは小牧市、豊山町となっている。かつて牛山〜春日井間に豊山信号場があり、航空自衛隊小牧基地への貨物支線が分岐していた。戦時中に開通したといわれ、航空燃料を輸送していたが1968（昭和43）年に廃止された。

◎間内駅

この間内駅も隣駅の牛山駅と同様、春日井市と小牧市の境界付近に位置している。駅の所在地も同じ春日井市牛山町である。この間内駅は1931（昭和6）年2月に開業し、太平洋戦争中の1944（昭和19）年頃に休止し、1947（昭和22）年11月に営業再開された。現在の駅の構造は相対式ホーム2面2線を有する地上駅で、無人駅となっている。上下ホーム間は跨線橋で結ばれている。

◎小牧口駅

小牧口駅は1931（昭和6）年2月に開業し、太平洋戦争中の1944（昭和19）年頃に休止したが1964（昭和39）年5月に再開された。これは同時期に廃止された岩倉支線の西小牧駅の代替であった。ホームは掘割の中に位置し、周辺の道路は立体交差している。

◎小牧駅

小牧駅の西側には、1563（永禄6）年に築城された小牧山城がそびえていた小牧山があり、現在は小牧市歴史館となっている小牧城が存在する。この城は、豊臣秀吉と徳川家康が戦った小牧・長久手の戦いでは家康の陣地となった。信長が開いた城下町・小牧はその後、江戸時代に上街道（木曽街道）が整備されて小牧宿が発達、尾張藩の小牧代官所も設置された。

小牧線の線名にも採られている小牧駅は、1920

（大正9）年9月、名古屋電気鉄道の小牧線（初代）の起終点駅として初代の小牧駅が開業した。その後、1931（昭和6）年2月に名岐鉄道の城北線（後の大曽根線、現・小牧線）が開通し、新小牧駅が誕生。1945（昭和20）年5月、小牧線が新小牧駅に乗り入れて、初代小牧駅は廃止。新小牧駅が二代目小牧駅となった。1948（昭和23）年5月、大曽根線が小牧線となり、岩倉〜小牧間は岩倉支線と変わり、1964（昭和39）年4月に廃止された。

　小牧駅は1989（平成元）年4月に地下化され、現在の小牧駅の構造は、単式と島式を組み合わせた2面3線のホームをもつ地下駅となっている。この駅の上には名鉄小牧ホテル、名鉄パーキングなどが入った駅ビルがある。また、この駅の東側ビルの2階からは1991（平成3）3月25日、第三セクター桃花台新交通の手で、桃花台東までの7.4キロが新交通システムとして開通したが、旅客数が伸びず、2006（平成18）年10月に廃止された。

小牧駅。◎1969（昭和44）年　提供：名鉄資料館

◎小牧原駅

　小牧原駅は1931（昭和6）年4月に開業し、太平洋戦争中の1944（昭和19）年に休止し、1951（昭和26）年10月に営業再開した。1987（昭和62）年6月に高架化され、現在の駅の構造は単式ホーム1面1式をもつ高架駅である。駅の所在地は小牧市大字小牧原新田であり、かつて小牧市中心部と桃花台ニュータウンを結ぶ桃花台新交通桃花台線にも小牧原駅が存在したが、2006（平成18）年10月に廃止されている。

◎味岡駅

　現在、小牧市岩崎に置かれている味岡駅は、このあたりに存在した東春日井郡の味岡村から駅名が採られている。この味岡村は1889（明治22）年に5つの村が合併して誕生。1906（明治39）年に岩崎村、久保一色村と合併した。1955（昭和30）年に小牧町、篠岡村と合併して、小牧市の一部となった。

　味岡駅は1931（昭和6）年4月に開業し、1987（昭和62）年6月に高架化され、現在の駅の構造は相対式ホームだが、片側しか使用されていない。駅の西側には、日本特殊陶業株式会社の本社・工場が存在する。

味岡駅。◎1980（昭和55）年　提供：名鉄資料館

◎田県神社前駅

　田県神社前駅は1931（昭和6）年4月、久保一色駅として開業している。この駅名はかつてこのあたりにあった久保一色村に由来しており、現在の所在地は小牧市大字久保一色である。太平洋戦争中の1944（昭和19）年に休止し、戦後に復活し、1965（昭和40）年3月、現在の駅名である「田県神社前」となった。駅の構造は相対式ホーム2面2線が置かれた地上駅である。駅名の由来となった田縣神社は駅の南西、愛知県道27号（木曽街道）沿いに鎮座している。

田県神社前駅。◎1976（昭和51）年9月　提供：名鉄資料館

田県神社前駅。◎1983（昭和58）年3月　提供：名鉄資料館

◎楽田駅

　北東に進んでいく小牧線は小牧市から犬山市に入り、楽田駅に至る。この楽田駅は1931（昭和6）年4月に開業した。駅の所在地は犬山市若宮である。「楽田」という地名は、駅の南東に残っており、犬山市立楽田小学校が存在する。この地名は東側に鎮座

している大縣神社の神田である「額田」から転じたとされている。また、駅の西側には工業団地があり、サントリー木曽川工場、アサダ犬山工場などが存在する。また、ここには菓子メーカー、竹田本社と同社が運営する観光施設「お菓子の城」が存在する。

◎羽黒駅

　羽黒駅は1931（昭和6）年4月に開業し、戦後の1966（昭和41）年11月に明治村口駅と改称した。これは前年（1965年）に博物館明治村が開村し、明治村に行くバスの接続駅となったことによる。その後、バスの発着所が犬山駅に変わり、1985（昭和60）年10月に羽黒駅に戻った。駅の構造は単式1面1線の地上駅で、無人駅となっている。「羽黒」の駅名は、現在の犬山市の前身のひとつ、羽黒村に由来している。

楽田駅。◎2002（平成14）年9月　提供：名鉄資料館

明治村口（現・羽黒）駅。
◎1970（昭和45）年　提供：名鉄資料館

明治村口（現・羽黒）駅。◎1977（昭和52）年11月2日　提供：名鉄資料館

1931（昭和6）年2月、旧名古屋鉄道上飯田〜新小牧間開通時に設置された。戦時中の1944（昭和19）年7月に駅前から名古屋市電が開通し中心部へ連絡したが、1971（昭和46）年2月に廃止された。
◎上飯田　1962（昭和37）年12月15日　撮影：荻原二郎

地上駅時代の上飯田駅で折り返すモ650形先頭の2両。旧名古屋鉄道のデボ650形木造車で、車体に鋼板が張られている。同駅は1965（昭和40）年に上飯田ビルとなり公団住宅となり、その2階が駅舎となった。この時、線路は土盛り高架上のホーム1面1線の駅となった。2003（平成15）年3月に地下化され同時に名古屋市営地下鉄上飯田線が開通し平安通まで直通した。
◎上飯田　1962（昭和37）年12月15日　撮影：荻原二郎

上飯田駅に停車中の電車はモ750形754。小牧線は1964（昭和39）年に1500Vへ昇圧した。◎上飯田　1960（昭和35）年　提供：名鉄資料館

上飯田連絡線開通後は地下駅となった上飯田。地下化前は盛土上にホームがあり、改札口は駅ビルの2階に直結していた。降車客の多くは7〜8分かけて徒歩で名古屋市営地下鉄名城線の平安通駅に向かっていた。◎上飯田　1979（昭和54）年10月10日　撮影：寺澤秀樹

地下駅化1ヶ月前の上飯田駅に向かう300系。矢田川橋梁を渡ってそのまま高架で上飯田駅に入った。◎上飯田 2003（平成15）年2月　撮影：田中義人

上飯田連絡線による地下鉄乗り入れ1ヶ月前の味鋺駅。手前が工事中の仮駅で、向こう側が地下鉄乗入れと同時に供用開始する（新）味鋺駅。左の線路は庄内川・矢田川をトンネルで潜る上飯田連絡線で、試運転が始まっていた。◎味鋺　2003（平成15）年2月23日　撮影：田中義人

51

庄内川鉄橋を渡るキボ50形ガソリンカー。大曽根線（現・小牧線）開通記念絵葉書。大曽根線上飯田〜新小牧（小牧）〜犬山間は1931（昭和6）年に非電化で開通した。名前が示すように大曽根までの延伸計画があった。
◎上飯田〜味鋺　1931（昭和6）年　提供：名鉄資料館

庄内川鉄橋を渡る300系電車。開通以来72年間使用された鉄橋もあと1ヶ月で役目を終える。上飯田〜味鋺間は上飯田連絡線により新線が建設され、地下化、複線化された。
◎上飯田〜味鋺　2003（平成15）年2月　撮影：田中義人

複線化が完成した味美付近を走るHL3700系。小牧線の小牧以南は、1977（昭和52）年から順次複線化を開始し、地下鉄乗入れと同時に上飯田〜小牧間の複線化が完成した。◎味美〜春日井1979（昭和54）年頃
提供：名鉄資料館

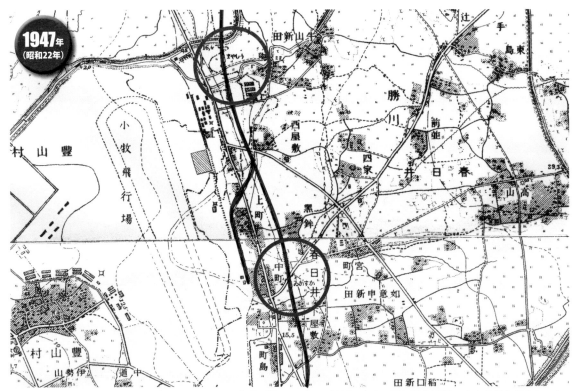

小牧飛行場 (現・県営名古屋空港) の東側を走る小牧線が描かれている地図であり、飛行場 (空港) へ向かう貨物線もあった。
地図の左 (西) 側は豊山村であり、現在は豊山町となっている。右 (東) は現在、春日井市となっている。牛山駅が置かれてい
る場所は春日井市牛山町であるが、かつては鷹来村であり、さらに前は片山村、田楽村が存在していた。

小牧線豊山〜小牧空港の貨物線を走る貨物列車。SLで運行されていたがDL (DED8500形) へ切り換えるための試験運転。
春日井〜牛山間にあった豊山貨物駅から分岐していた。豊山駅 (信号所) での貨物営業は朝鮮半島の状況変化により、中断して
いたが、1961 (昭和36) 年4月20日再開することになり、専用線は電化した。
◎1956 (昭和31) 年10月　撮影：白井 昭

小牧駅地上時代の最終日の構内風景。小牧駅連続立体化(地下化)工事が完成し、翌日から地下駅へ移転した。◎小牧　1989(平成元)年4月22日　撮影：岸 義則

小牧駅移転サヨナラ記念号。小牧駅は、この翌日から約150m東(写真右)へ移転し地下化されることになり、地上駅のさよなら列車が運転された。◎小牧　1989(平成元)年4月22日
撮影：岸 義則

小牧駅が地下化され、盛大に出発式が行われた。
◎小牧　1989(平成元)年4月23日　撮影：岸 義則

モ800形(810)+モ3550形-ク2550形の3連で走る。小牧線は地下鉄乗入れ開始まで3連の列車が多く運用された。
◎楽田〜田県神社前　1977（昭和52）年頃
提供：名鉄資料館

1931（昭和6）年2月に開業。当初は新小牧と称したが戦争末期の1945（昭和20）年5月に岩倉支線（小牧〜岩倉間、1964年4月廃止）と接続した際に小牧と改称された。1989（平成元）年に地下化を完了。
◎小牧　1962（昭和37）年12月15日　撮影：荻原二郎

小牧線を走るクリーム＋赤帯の車両。小牧線は地下鉄との直通運転で近代的な通勤路線へと変貌を遂げた。
◎1970（昭和45）年頃
提供：名鉄資料館

6800系4両の上飯田行き。桃花台新交通（ピーチライナー）が画面後方で小牧線と交差して桃花台ニュータウン（画面右方向）へ向かっていた。桃花台新交通は1991（平成3）年3月に開通したが、利用者が少なく経営難で2006（平成18）年10月1日廃止となった。
◎小牧原〜小牧　1998（平成10）年12月2日
撮影：安田就視

小牧線を行くHL車（手動進段制御車）3700系（ク2708-モ3708）の上飯田発新岐阜行き。小牧線、犬山線、各務原線を直通する。楽田は女性の神様の大縣神社の最寄り駅である。◎楽田　1968（昭和43）年4月8日　撮影：荻原二郎

名古屋本線の一部指定席車特急の運用から外れた7700系は、しばらくの間、白帯の装いのまま支線区のローカル運用にも就くこととなった。小牧線では写真の5500系のほか5300系との組み合わせも見られた。◎田県神社前～楽田　2002（平成14）年3月25日　撮影：寺澤秀樹

羽黒駅は1966～85（昭和41～60）年の間、駅名は「明治村口」を名乗った。以前は島式ホームで交換可能だったが交換設備が撤去され、ホーム1面1線だけである。◎明治村口　1984（昭和59）年2月6日　撮影：安田就視

1931（昭和6）年4月、旧名古屋鉄道により羽黒として開業。小牧線は1931年2月の開通時は非電化でガソリンカーが運行されたが戦時中に電化された。1966（昭和41）年11月に「明治村口」と改称され、「明治村」へのバスが発着したが、バス路線の変更により、1985（昭和60）年10月に羽黒に戻った。◎明治村口　1968（昭和43）年4月8日　撮影：荻原二郎

橋上駅化前の犬山駅。時刻は18時30分頃で通勤帰りの乗客が多い。右は合併直後の名古屋鉄道が3400系に続いて新製した3600系（当初は3350系）先頭車はモ3603の上飯田行き。中央が6000系の犬山経由新岐阜行きで旧型AL車と新型車が並んだ。犬山駅は1985（昭和60）年2月に橋上化された。◎犬山　1984（昭和59）年6月5日　撮影：安田就視

短命だった桃花台新交通（ピーチライナー）

小牧駅ビルと桃花台新交通小牧駅。小牧市の都市計画で名鉄小牧駅は1989（平成元）年4月に150m東へ移転し、地下化された。駅の上に駅ビル（名鉄小牧ホテル）が開業。その横に桃花台新交通（ピーチライナー）が1991（平成3）年3月に開業し、その東にはバスターミナルもできた。桃花台線は利用客が少なく経営難で、営業開始から15年半後の2006（平成18）年10月1日に廃止された。◎小牧 1991（平成3）年　提供：名鉄資料館

小牧～小牧原間は桃花台新交通（ピーチライナー）と併走していた。左が桃花台線の小牧原駅、その右奥が小牧線小牧原駅。その先で交差し、桃花台線は桃花台ニュータウン（画面右）に向かっていた。◎小牧原 2006（平成18）年7月30日　撮影：西川和夫

2章
津島線、尾西線
竹鼻線、羽島線

◎尾西線 萩原〜玉野　1990（平成2）年5月18日　撮影：安田就視

津島線

路線DATA

起点：須ケ口

終点：津島

開業：1914（大正3）年1月23日

名古屋本線の須ケ口駅と、尾西線の津島駅を結ぶこの路線には、終点駅の駅名から津島線と名付けられている。津島駅は尾西鉄道の駅として、1898（明治31）年4月に開業し、1914（大正3）年1月、名古屋電気鉄道（現・名古屋鉄道）が新津島（現・津島）駅から延びる津島線を開業した。当初の津島線は、新津島〜須ケ口〜枇杷島橋間で、枇杷島橋駅で名古屋電気鉄道の一宮線（現・犬山線）と接続していた。須ケ口駅の開業はこのときで、同年9月に須ケ口〜丸之内（現・丸ノ内）〜清洲（後の清洲町）駅が開通し、清洲線となっている。その後、路線名の変更により枇杷島〜須ケ口が名岐線（現・名古屋本線）に編入されたため、現在の須ケ口駅は名古屋本線の駅となっている。尾西鉄道は1925（大正14）年8月に名古屋鉄道に買収されて尾西線となったことで、1931（昭和6）年10月に新津島駅は津島駅と統合されている。

愛知県の西部で、ほぼ東西に延びている津島線は全長11.8キロ。起終点駅を含めて、8つの駅が存在する。また、かつてはこのほかに新居屋、津島口の2駅が存在した。現在の駅は、須ケ口駅が清須市内、甚目寺、七宝、木田駅があま市内、青塚、津島駅が津島市内、勝幡、藤浪駅が愛西市内に位置し、4つの市に分かれる形になっている。清須市、あま市は名古屋市に隣接しており、愛西市は岐阜、三重の両県と接している。また、津島市はあま、愛西市に挟まれた形となっている。津島市は1947（昭和22）年、津島町が市制を施行して成立。清須市と愛西市は2005（平成17）年、あま市は2010（平成22）年に成立、それぞれ複数の町村が合併して誕生している。

◎甚目寺駅

尾張四観音として崇敬されてきた真言宗智山派の寺院、鳳凰山甚目寺（甚目寺観音）の最寄り駅となっている甚目寺駅。駅の開業は1914（大正3）年1月、現在の駅の構造は相対式ホーム2面2線を有する地上駅である。北口、南口にそれぞれ駅舎が置かれて

おり、ホーム間は跨線橋で結ばれている。

駅名の由来となった鳳凰山甚目寺（甚目寺観音）は、飛鳥時代の597（推古天皇5）年に創建された古刹。本尊の観音像を海から引き揚げて、寺堂を建てた甚目龍麻呂（はだめたつまろ）から、「はだめでら」と呼ばれるようになり、天智天皇の病気を癒したことから勅願寺となった。その後も織田信長、豊臣秀吉、徳川家康の保護を受け、地震や火災の被害にあった度に再建されてきた。現在の本堂は、1992（平成4）年に再建されている。この寺の南大門、三重塔などは国の重要文化財に指定されている。かつて高山本線直通の気動車運転時に、当駅にはディーゼルカー用の給油施設が置かれていた。

甚目寺駅。◎1975（昭和50）年8月　提供：名鉄資料館

甚目寺駅。◎1981（昭和56）年1月　提供：名鉄資料館

◎七宝駅

海部郡にあった七宝町は、NHK大河ドラマにも取り上げられた前田利家の妻、まつの生誕地であり、七宝焼きが盛んだったことから村（町）の名称になった。1906（明治39）年、当時の海東郡の宝村、井和村、伊福村が合併して七宝村が誕生している。その後、

2010（平成22）年3月、美和町、甚目寺町と合併して、現在のあま市の一部となった。七宝駅は1914（大正3）年1月に開業。現在の駅の構造は相対式ホーム2面2線を有する地上駅で、無人駅となっている。

お隣の甚目寺駅との間には、名古屋第2環状自動車道が走っており、津島線とはほぼ十文字で交差している。七宝駅の南西には七宝焼きアートビレッジが存在する。

◎木田駅

この木田駅は、あま市木田道下に置かれており、あま市の中心駅のひとつである。かつては美和町の市街地の玄関口だった。木田駅の開業は1914（大正3）年1月で、駅（舎）は半年後に現在地に移転している。当初は200メートルほど西にあり、駅舎は存在しなかった。2010（平成22）年12月に南口駅舎が竣工、また、北口駅舎は2018（平成30）年11月に改築されている。現在の駅の構造は、相対式ホーム2面2線を有する地上駅で、ホーム間は跨線橋で結ばれている。

木田駅の北西、愛知県道126号給父西枇杷島線沿いには、あま市役所が置かれている。この北側には、あま市美和文化会館、美和図書館が存在する。また、駅の東側には蟹江川の流れがあり、南側の蟹江町、名古屋市方面に向かい、やがて日光川と合流している。木田駅の北東にはあま市立正則小学校が存在するが、この校名は地元出身の武将、福島正則に由来している。豊臣秀吉に仕えて「賤ケ岳七本槍」のひとりとして数々の合戦で活躍した福島正則は、現在のあま市二ツ寺屋敷に生誕地の石碑が建てられている。

木田駅。◎1986（昭和61）年1月　提供：名鉄資料館

◎青塚駅

1914（大正3）年1月に名古屋電気鉄道（現・名古屋鉄道）が開業した青塚駅は、津島市とあま市、愛西市の市境付近に置かれており、所在地は津島市青塚町である。現在の駅の構造は相対式ホーム2面2線を有する地上駅で、2005（平成17）年7月に無人駅となっている。

この青塚駅付近も、豊臣秀吉ゆかりの人物の生誕地である。その人物とは後に阿波徳島藩の祖となった蜂須賀小六正勝で、現在も青塚駅の北側に「蜂須賀」の地名が残っている。この地に残る蓮華寺は、蜂須賀家の菩提寺で、この地には蜂須賀城も存在した。

青塚駅。◎1981（昭和56）年10月　提供：名鉄資料館

◎勝幡駅

愛西市における最初の駅は勝幡駅で、愛西市勝幡町に置かれている。愛西市は2005（平成17）年に佐織町、佐屋町、立田村、八開村の合併により成立しているが、佐織町の前身である海東郡の佐織村には以前、勝幡村が存在しており、この村名が駅名の由来となっている。勝幡駅は1914（大正3）年1月、名古屋電気鉄道時代に開業している。現在の駅の構造は、相対式ホーム2面2線を有する地上駅であり、ホーム間は跨線橋で結ばれている。この勝幡駅の西側には、江戸時代に萩原川の流れが変えられた、日光川が流れている。

この愛西市勝幡町と西隣の稲沢市平和町六輪にまたがる場所には、かつて織田信長の祖父にあたる織

勝幡駅。◎1983（昭和58）年10月　提供：名鉄資料館

田信定が築いた勝幡城が存在した。それまで「塩畑」と呼ばれていた土地は、この信定と子の織田信秀の時代には「勝幡」となったが、信秀は後に那古野城に移り、部下が城代となった。信長の生誕地は、一説にはこの勝幡城といわれている。城があった場所は現在、日光川、三宅川が流れている付近である

勝幡駅。◎1960（昭和35）年　提供：名鉄資料館

◎藤浪駅

　藤浪駅は、愛西市諏訪町に置かれており、当初は諏訪駅となる予定だった。1914（大正3）年1月に開業しており、2002（平成14）年7月に高架化された。駅の北では愛知県道79号と立体交差しており、その東側には県道79号と県道121号が交差する諏訪交差点が存在する。現在の藤浪駅の構造は、相対式ホーム2面2線のある高架駅で、無人駅となっている。駅の南側には、私立の清林館高等学校が2018（平成30）年に津島市内から移転してきた。

津島駅。◎1966（昭和41）年12月10日　提供：名鉄資料館

◎津島駅

　津島線と尾西線の接続である津島駅は、津島市の中心駅である。1898（明治31）年4月、尾西鉄道の駅として開業した後、1914（大正3）年1月に名古屋電気鉄道（後の名古屋鉄道）が津島線の新津島駅を開業した。1925（大正14）年8月、尾西鉄道と名古屋鉄道が合併し、1931（昭和6）年10月、津島駅と新津島駅が統合されている。現在の駅の構造は、島式ホーム1面2線を有する高架駅となっている。

　津島駅、津島線の名称の由来となっているのは、この駅が置かれている津島市であり、津島市は尾張津島天王祭で知られる、津島神社の門前町として発達した。尾張津島天王祭は、全国の夏祭りの中でも華麗さが有名な川祭りで、主役は川を下る巻藁舟である。津島市は1947（昭和22）年、津島町が市制を施行して成立している。現在の人口は約6万1000人である。

津島駅。1977（昭和52）年1月　提供：名鉄資料館

尾西鉄道（→尾西線）が建設した津島駅は1898（明治31）年に開業し、名鉄で一番古い駅。津島線は名古屋電気鉄道が建設し、新津島駅が1914（大正3）年に開業。1925（大正14）年に合併し、少し離れていた津島駅と新津島駅を1931（昭和6）年に統合した。◎津島、新津島　1926（大正15）年　提供：津島市立図書館

七宝に到着する3900系。当時の津島線は宅地開発が進む前で、沿線にはまだ長閑な風景が広がっていた。◎七宝　1982（昭和57）年7月　撮影：寺澤秀樹

津島線を走る、パノラマDX-8800系特急。この当時、津島線には1時間1往復の有料（座席指定）特急が運転され、8800系が7000系白帯車と共に使用された。◎勝幡～青塚　1999（平成11）年5月　撮影：田中義人

日光川を渡る新名古屋経由 豊橋行き。この区間は普通だが途中から高速（または急行）になる。持てる車両を総動員する朝ラッシュ時の8両編成で7700系白帯車（座席指定特急用）と5200系、5000系を併結。◎勝幡～藤浪　1984（昭和59）年6月5日　撮影：安田就視

キハ8000系の試運転。1965（昭和40）年に国鉄高山本線乗り入れ用のキハ8000系気動車を新造した。須ヶ口（新川工場）を気動車の基地としたので、営業投入前の試運転を津島線で行った。後方の煙突は勝幡駅近くの繊維工場（現・商業施設）
◎勝幡～藤浪　1965（昭和40）年7月　撮影：清水 武

地上時代の津島駅。3600系豊橋行きが入線。左の1・2番線が津島線で名古屋方面、右が尾西線で3番線が弥富方面、4番線が一宮方面のホーム。その右には貨物ホームもあった。◎津島　1965（昭和40）年7月　撮影：清水 武

津島駅の開業は1898（明治31）年と名鉄では最も歴史の古い駅となっている。1968（昭和43）年に高架化された。津島線と尾西線が分岐する駅だが、1面2線の手狭なレイアウトながら津島線と尾西線の一宮・弥富方面の3方向に発着する列車を巧みなダイヤ構成で捌いている。右が津島線須ヶ口行の7300系、左が尾西線森上行の3700系。
◎津島　1982（昭和57）年6月　撮影：寺澤秀樹

津島駅に到着する引退直前の7000系白帯特急。1時間1本の有料特急出発前にはホームで座席指定券の販売も行われた。ホームの行灯式行先表示器も懐かしい。◎津島　1999（平成11）年5月　撮影：田中義人

高架化が完成した津島駅とパノラマカー。道路交通円滑化のため、地上駅を高架化する工事は各地で行われているが、名鉄では津島駅が最初に高架化された。1968（昭和43）年に高架化と駅ビルが完成した。
◎津島　1968（昭和43）年9月3日　提供：名鉄資料館

びさいせん

尾西線

路線DATA

起点：弥富

終点：玉ノ井

開業：1898（明治31）年4月3日

　名鉄の中で最も古い路線である尾西線は、その名
の通り、尾張国（愛知県）の西部を南北に縦貫してい
る。南側の起終点駅である弥富駅は、JR関西本線の
弥富駅、近鉄名古屋線の近鉄弥富駅と連絡しており、
北側の名鉄一宮駅では名鉄の名古屋本線と接続し、
JR東海道本線の尾張一宮駅と連絡している。また、
津島駅では津島線と接続している。

　尾西鉄道が現在の尾西線の南部にあたる、弥富〜
津島間を開業したのはまだ19世紀だった1898（明治
31）年4月のこと。1899（明治32）年2月に森上駅、
7月に萩原駅までと北側に延伸してゆき、1900（明
治33）年1月には新一宮（現・名鉄一宮）駅まで開通
した。その後、しばらく年月を経た後、1914（大正3）
年8月に新一宮（現・名鉄一宮）〜玉ノ井〜木曽川橋
間が開業。1918（大正7）年5月、木曽川橋〜木曽
川港間が開通して全線が開業した。北側の玉ノ井〜
木曽川港間は、太平洋戦争中に休止した区間のうち
の一部区間が、戦後も復活しないままに廃止された。
以後は、玉ノ井駅が終着駅となっている。

　尾西線は、弥富市から発して愛西市、津島市、稲
沢市を経由して、一宮市に至る全長30.9キロの路線
であり、起終点駅を含んだ22駅が置かれている。途
中、佐屋駅から渕高駅にかけては、愛西市、津島市、
稲沢市の市境付近を走っており、駅の所在地（市）は
入り組んでいる。また、起終点駅の弥富がある弥富
市は木曽川を挟んで三重県の桑名市、玉ノ井駅は木
曽川を挟んで岐阜県羽島市と向かい合う場所に存在
する。

◎弥富駅

　愛知県弥富市鯏浦町には、3つの鉄道駅が存在す
る。名鉄尾西線の弥富駅とJR関西本線の弥富駅、そ
して近鉄名古屋線の近鉄弥富駅である。このうち、
名鉄とJRの弥富駅は構内を共用する共同使用駅であ
り、近鉄弥富はやや離れた南東に位置している。
弥富駅は単式、島式ホームを組み合わせた2面3線

の構造である。名鉄の路線は単線で、ホームも1面
のみ（3番線）を使用している。

　1895（明治28）年5月、関西鉄道の前ヶ須駅とし
て開業したのが現在の関西本線の弥富駅である。こ
の駅に続いて、1898（明治31）年4月、尾西鉄道の弥
富〜津島間が開通し、現在の尾西線の駅が誕生した。
この当時、津島の祭事の時などは関西鉄道（現・関
西本線）へ乗り入れ運転も実施され、津島から名古
屋へは、弥富経由が最短、最速のルートだった。近
鉄弥富駅は、1938（昭和13）年に関西急行電鉄の桑
名〜関急名古屋（現・近鉄名古屋）間の開通時に関急
弥富駅として開業し、1970（昭和45）年に現在の駅
名に改称している。

　弥富市は、愛知県の南西に位置している市で、
2006（平成18）年に弥富町と十四山村が合併し、市
制を施行して成立した。現在の人口は約4万3000
人である。この弥富市は金魚の産地として有名で、
津島市、愛西市などを含めて、この地域で生産され
た金魚が「弥富金魚」として全国に出荷されている。
また、木曽川を挟んだ対岸は三重県桑名市長島町で
あり、全国的に有名な遊園地のナガシマスパーラン
ド、なばなの里が存在する。

弥富駅。◎1987（昭和62）年1月　提供：名鉄資料館

◎五ノ三駅

　名鉄の尾西線は、弥富駅を出ると間もなく方向
を北西に変えて、木曽川と愛知県道458号に沿うよ
うに進んでゆく。次の五ノ三駅との中間付近には、
2006（平成18）年12月まで弥富口駅が置かれていた。
この駅は1933（昭和8）年8月に名鉄の駅として開
業。太平洋戦争中に一時、休止して戦後に復活した

ものの、乗降客数はかなり少なかった。

五ノ三駅は1924（大正13）年10月、尾西鉄道時代に開業している。単線区間であり、現在の駅の構造は単式1面1線の地上駅（無人駅）となっている。駅の所在地は弥富市五之三町で、駅名にもなっている「五ノ三」は村の縁を意味する「郷の桟（ごうのさん）」から変化したといわれている。

伊勢湾台風で長期浸水の五ノ三駅。
◎1959（昭和34）年10月12日　提供：名鉄資料館

◎佐屋駅

佐屋駅は愛西市の中心駅であり、この駅から森上駅までの区間は複線（上丸渕〜森上間の一部は単線）となっている。この駅は尾西鉄道の開通時である1898（明治31）年4月に開業。1971（昭和46）年に現在の駅舎が誕生した。現在の駅の構造は、単式と島式ホームを組み合わせた2面3線の地上駅で、駅舎との間は構内踏切で結ばれている。佐屋駅の北西、

佐屋駅。◎昭和35年頃　提供：名鉄資料館

佐屋駅。◎1971（昭和46）年　提供：名鉄資料館

日比野駅との中間付近に愛西市の市役所が置かれている。また、駅の東側の善太川沿いには、総合体育館と総合運動場がある愛西市親水公園が存在する。

佐屋駅。◎1979（昭和54）年2月　提供：名鉄資料館

◎日比野駅

日比野駅と津島駅の間には、かつて南津島駅が存在していた。この駅は1924（大正13）年10月に尾西鉄道の下構駅として開業し、1926（大正15）年8月に南津島駅と改称した後、太平洋戦争中の1944（昭和19）年に休止され、戦後にそのまま廃止されている。

日比野駅は、尾西鉄道の開通から9年後の1907（明治40）年12月に開業している。駅の所在地は愛西市柚木町で、愛西市になる前は海部郡の佐屋町（村）であり、その前には佐依木村があり、さらにさかのぼれば柚木村が存在した。現在の駅の構造は、島式ホーム1面2線を有する地上駅（無人駅）で、駅舎とホームの間は構内踏切で連絡している。

日比野駅。◎1972（昭和47）年　提供：名鉄資料館

◎津島駅

津島市の中心駅である津島駅は1898（明治31）年4月、尾西鉄道の駅として開業している。その後、1914（大正3）年1月に名古屋電気鉄道（後の名古屋鉄道）が津島線の新津島駅を開設し、1925（大正14）年8月に名古屋電気鉄道と尾西鉄道が合併したこと

で、1931（昭和6）年10月、津島駅と新津島駅が統合
されて、現在のような駅となった。駅の所在地は津
島市錦町である。
　駅前から延びる駅前通り（天王通）を西に進んだ場
所には、津島神社が鎮座しているが、この神社は全
国に約3000社ある津島神社の総本社である。主祭
神は建速須佐之男命で、かつては「津島牛頭天王社」
「津島天王社」と呼ばれてきた。7月に行われる尾
張津島天王祭は、日本三大川祭として知られ、宵祭
では提灯をまとった巻藁舟が天王川を下っていた。
境内の南西には、天王川公園が存在する。
　1968（昭和43）年5月に駅周辺の区間が高架され
て高架駅に変わり、9月には駅ビルが誕生した。現
在の津島駅の構造は、島式ホーム1面2線を有する
高架駅となっている。尾西線、津島線ともに全列車
が停車する。

◎町方駅

　愛西市町方町に置かれている町方駅は1924（大正
13）年10月、尾西鉄道時代に兼平駅として開業して
いる。太平洋戦争中の1944（昭和19）年に休止し、
1959（昭和34）年に移転して駅が復活し、現在の駅
名に改めた。現在の駅の構造は相対式ホーム2面2
線を有する地上駅である。以前は千鳥式の単式2面
2線ホームが存在したが、2008（平成20）年3月か
ら現在の形に変わった。

集中豪雨で浸水した六輪駅。
◎1961（昭和36）年6月25日　提供：名鉄資料館

◎六輪駅

　六輪駅は1899（明治32）年2月、尾西鉄道の駅と
して開業している。現在の駅の構造は相対式ホーム
2面2線を有する地上駅で、無人駅となっている。
駅の所在地は、稲沢市平和町で、2005（平成17）年の
合併前までは、中島郡の中に平和町が存在していた。
駅の北西は愛西市となっている。

◎渕高駅

　日光川に沿って広がる田園地帯の中を走ってきた
尾西線は、稲沢市から愛西市に入って渕高駅に至る。
尾西線は両市の市境付近を走っており、この先では
再び稲沢市内に入って、次の丸渕駅は同市に置かれ
ている。

町方駅。◎1959（昭和34）年7月　提供：名鉄資料館

渕高駅は2つ手前の町方駅と同じ、1924（大正13）年10月に開業している。現在の駅の構造は相対式ホーム2面2線を有する地上駅で、無人駅となっている。駅舎は上下ホームそれぞれに存在している。

◎丸渕駅

渕高駅と丸渕駅との駅間は1.0キロで、尾西線の南側では最も短くなっている。次の上丸渕駅を含めて、いずれも「渕」の字が含まれており、川沿いの場所であることを示している。この丸渕駅と渕高駅の間では日光川が小さくカーブしながら流れており、「丸い渕」となっている。丸渕駅は1912（明治45）年2月に開業した。現在の駅の構造は、島式ホーム1面2線を有する地上駅で、無人駅となっている。駅とホームの間は構内踏切で結ばれている。駅のすぐ南側には愛知県道128号が走っている。

◎上丸渕駅

上丸渕駅は1924（大正13）年10月に開業している。この駅までは複線で、次の森上駅までの区間はほぼ複線となっている。現在の駅の構造は、相対式ホーム2面2線を有する地上駅で、無人駅となっている。この上丸渕駅は、日光川と領内川に挟まれた場所に置かれており、駅の所在地は稲沢市祖父江町である。

◎森上駅

森上駅は1899（明治32）年2月、尾西鉄道が森上延伸時に設けた駅である。かつては、この森上駅から木曽川沿いにある現・王子マテリア祖父江工場の前身である製紙会社、三興製紙に至る、専用鉄道が分岐していた。現在の森上駅の構造は単式、島式ホームを組み合わせた2面3線をもつ地上駅で、終日の有人駅である。この駅を含んだ、尾西線の北側区間は単線となっている。

森上駅。◎1983（昭和58）年7月　提供：名鉄資料館

森上駅。◎1973（昭和48）年4月9日　提供：名鉄資料館

◎山崎駅

山崎駅は1930（昭和5）年1月に開業し、太平洋戦争中に一時、休止されて戦後に復活し、1952（昭和27）年3月に無人駅となっている。現在の駅の構造は、単式ホーム1面1線を有する地上駅である。この駅の所在地は上丸渕駅、森上駅と同じ稲沢市祖父江町で、祖父江町は駅の西側、木曽川沿いまで広い範囲にわたっている。この祖父江町は日本有数の銀杏の産地であり、毎年秋にはそぶえイチョウ黄葉まつりが開催されており、この駅周辺がメイン会場となっている。駅の北側には工作機械メーカー、山田ドビー本社工場が存在している。なお、同じ山崎駅を名乗る駅は、東海道本線（京都府）などに存在する。

山崎駅。◎1959（昭和34）年7月2日　提供：名鉄資料館

◎玉野駅

一宮市玉野に置かれている玉野駅は、一宮市の最西端、最南端に位置する駅である。駅の開業は1924（大正13）年10月で、現在の駅の構造は単式ホーム1面1線を有する地上駅（無人駅）である。駅の北側を愛知県道135号が通っており、東側には日光川が流れている。尾西線はこの先、萩原駅との間で東海道新幹線と立体交差することとなる。

◎萩原駅

東海道新幹線の下をくぐった尾西線は、北東に進んで次の萩原駅に至る。この駅は尾西線の中では準主要駅の扱いをされており、かつては特急の停車駅だった。駅の開業は1899（明治32）年7月、このときに森上〜萩原間が延伸し、一時的に終着駅となっていた。現在の駅の構造は相対式ホーム2面2線を有する地上駅で、無人駅となっている。駅の東側には、名古屋環状3号線（国道155号）が通っている。

萩原駅。◎昭和40年代　提供：名鉄資料館

萩原駅。◎1979（昭和54）年5月　提供：名鉄資料館

◎二子駅

東西に走る名神高速道路のすぐ南側に置かれているのが、この二子駅である。駅のすぐ東側で尾西線は、名神高速道路の下をくぐり、北東に進んでゆく。さらに東側には、名神高速道路と東海北陸自動車道が合流する一宮ジャンクションが置かれている。

二子駅は1924（大正13）年10月に開業している。太平洋戦争中の1944（昭和19）年に休止し、1949（昭和24）年に再開したが、このとき以来、無人駅となっている。現在の駅の構造は単式ホーム1面1線を有する地上駅である。駅の南側には、県立一宮西高等学校が存在している。

◎苅安賀駅

苅安賀駅は1900（明治33）年1月、萩原〜新一宮（現・名鉄一宮）間の延伸時に開業している。駅の所在地は一宮市大和町苅安賀である。次の観音寺駅との駅間は0.7キロと、尾西線の中で最も短い区間のひとつである。現在の駅の構造は相対式ホーム2面2線を有する地上駅で、将来的には高架駅になる予定である。尾西線は次の観音寺駅との間で東海北陸自動車道の下をくぐって、北東に進むこととなる。

苅安賀駅。◎1972（昭和47）年　提供：名鉄資料館

◎観音寺駅

このあたりの尾西線は、名古屋環状3号線（国道155号）の南側を並行して進む形で北東に進んでゆく。観音寺駅は1928（昭和3）年8月に開業し、1944（昭和19）年に一時、休止されていた。1950（昭和25）年7月、無人駅として復活した。現在の駅の構造は単式ホーム1面1線を有する地上駅。駅名の「観音寺」は、付近にあった寺院（現在は廃寺）の名称で、駅の所在地は一宮市観音寺2丁目である。

◎名鉄一宮駅

名鉄一宮駅は名古屋本線と尾西線の接続駅であるが、かつては路面電車の起（おこし）線とも連絡していた。名鉄一宮駅は1900（明治33）年1月、尾西鉄道の延伸により、当時の終着駅である一ノ宮駅として開業。すぐに新一宮駅に駅名改称を行った。現在の名古屋本線は1924（大正13）年2月、尾西鉄道の中村線新一宮〜国府宮間が開業。翌年8月、この区間は国府宮支線となり、名岐線を経て、名古屋本線となった。2005（平成17）年1月、現在の駅名である「名鉄一宮」に改称している。

この名鉄一宮駅はJR東海道本線の尾張一宮駅との接続駅であり、両駅は並列して設置された一体的な

ターミナル駅で、一宮総合駅とも呼ばれている。歴史的には官設鉄道(現・東海道本線)の一ノ宮(現・尾張一宮)駅が一早く、1886(明治19)年5月に開業している。現在の名鉄一宮駅の構造は、島式ホーム2面4線をもつ高架駅となっており、ホーム上は駐車場として利用されている。1995(平成7)年7月に高架化される前は、同様に島式ホーム2面4線の地上駅で、尾張一宮駅との共同使用駅となっていた。2000(平成12)年11月には、西口側に名鉄百貨店一宮店が開店している。

また、廃止された起線は1924(大正13)年2月、蘇東線の起〜一ノ宮(後の八幡町)間が開通。その後、尾西鉄道(現・尾西線)と線路を共用する形で新一宮(現・名鉄一宮)駅に乗り入れていた。さらに起線と名称を改めた後、1953(昭和28)年6月に運行を休止し、1954(昭和29)年6月に廃止されている。

◎西一宮駅

西一宮駅は1914(大正3)年8月に開業している。駅の所在地は一宮市天王1丁目で、現在の駅の構造は単式ホーム1面1線の高架駅である。1995(平成7)年に高架化されている。東海道本線を越えた駅東側に鎮座する真清田神社は、尾張一宮と呼ばれ、その門前町として発展した。古くから繊維産業が盛んであり、明治維新後は毛織物の生産が中心となった。7月に開催される、おりもの感謝祭一宮七夕まつりは、1956(昭和31)年に始まった一宮の夏の風物詩となっている。

◎開明駅

開明駅は1914(大正3)年8月に開業している。駅の所在地は一宮市開明だが、2005(平成17)年に編入される前は、尾西市の駅だった。現在の駅の構造は単式ホーム1面1線の地上駅で、無人駅となっている。

西一宮駅と開明駅の間には、かつて西宮後(にしみやうしろ)駅が置かれていた。この西宮後駅は1924(大正13)年10月、尾西鉄道の宮後駅として開業。翌(1925)年8月に名古屋鉄道の駅となり、1926(大正15)年1月、西宮後駅に改称している。既に名古屋鉄道犬山線に宮後駅が存在していたための改称だった。西宮後駅、宮後駅ともに1944(昭和19)年に休止、戦後に廃止された。

◎奥町駅

奥町駅は1914(大正3)年8月に開業している。

駅の所在地は一宮市奥町で、現在の駅の構造は単式1面1線のホームをもつ地上駅(無人駅)である。この駅は、太平洋戦争中の1944(昭和19)年3月、尾西線の奥町〜木曽川港間の休止に伴い、営業を休止した。戦後の1951(昭和26)年12月、休止区間のうち、奥町〜玉ノ井間が営業再開され、駅も復活している。駅の南西には、愛知県立木曽川高等学校が存在する。

奥町駅。◎昭和51年頃　提供：名鉄資料館

◎玉ノ井駅

尾西線の現在の終着駅である玉ノ井駅は1914(大正3)年8月、新一宮(現・名鉄一宮)〜木曽川橋間の開通時に開業している。1944(昭和19)年3月、尾西線の奥町〜木曽川港間の休止に伴い、営業を休止した後、1951(昭和26)年12月に奥町〜玉ノ井間が営業再開され、この玉ノ井駅が新しい終着駅となった。現在の駅の構造は単式1面1線のホームをもつ地上駅(無人駅)である。駅の北東にある賀茂神社には、「玉ノ井霊泉」と呼ばれる清水が湧出しており、地名、駅名の由来となっている。駅の所在地は、一宮市木曽川町玉ノ井である。

玉ノ井駅。◎昭和30年代　提供：名鉄資料館

尾西線弥富駅。関西本線の蒸気機関車、ディーゼルカー、その横に小さく名鉄電車が写っている。弥富〜津島間が1898（明治31）年に開業。尾西線は名鉄では一番古い路線。◎弥富　1971（昭和46）年3月26日　撮影：田中義人

弥富駅で並んだ名鉄6800系とJR関西本線の313系。ともに名古屋方面に向かうが弥富駅を逆方向へ出発する。中線にはDD51の貨物列車が待避。◎弥富　2016（平成28）年5月17日　撮影：田中義人

7000系パノラマカー6両の普通佐屋行き。通勤時間帯にはパノラマカーも普通電車に使用された。画面後方（津島方面）へHL車3700系が発車している。◎日比野　1984（昭和59）年6月5日　撮影：安田就視

佐屋駅を出発するモ800形＋ク2310形の弥富行き。駅の横に立派な農業倉庫があった。◎佐屋　1965（昭和40）年1月16日　撮影：清水 武

デキ600形が森上まで牽引してきた貨車を、三興製紙の機関車（DB）が引継ぎ、工場までの約2.5キロ専用線を輸送していた。弥富〜森上〜三興製紙専用線の貨物列車は1978（昭和53）年7月に廃止された。◎森上　1974（昭和49）年12月　撮影：田中義人

森上駅に停車中のパノラマカー。支線にも7000系パノラマカーが入線するようになり、森上から蒲郡まで直通する特急が運転されていた。◎森上　1974（昭和49）年12月　撮影：田中義人

尾西線内のローカル列車はHL車が主力だった。森上に津島行きの列車が到着、助役が運転士からタブレットを受け取る傍らを降車旅客が通り過ぎて行く。◎森上　1982（昭和57）年6月　撮影：寺澤秀樹

イチョウ黄葉まつり開催中の山崎駅に到着する6800系電車。この日は、名鉄沿線ハイキングが開催されていて、ハイカーが大勢いた。◎山崎 2012（平成24）年11月 撮影：田中義人

三興製紙の工場から専用線で運ばれた貨車を、森上から電気機関車（デキ600形）が牽引し、弥富へ輸送する（弥富で国鉄線へ引き継ぐ）。尾西線の森上～佐屋間は複線化されたが、森上付近のこの区間は単線のまま残った。◎森上～上丸渕 1974（昭和49）年12月 撮影：田中義人

行き違い可能駅の萩原はかつては民衆駅だった立派な駅舎を要していた。女子大生の利用もあり、登下校時のホームは華やかな雰囲気に包まれていた。◎萩原 1982（昭和57）年6月 撮影：寺澤秀樹

尾西線

玉野駅を出発していく津島行きのモ3350形。昔の無人駅の標準スタイル。駅横の踏切には遮断機も警報器もない。
◎玉野　1967（昭和42）年10月　撮影：清水 武

HL車が主体の尾西線だったが、朝のラッシュ時間帯には5500系も応援に駆け付け、輸送力の確保に寄与していた。◎萩原〜二子　2002（平成14）年3月17日　撮影：寺澤秀樹

桜満開の萬葉公園の横を走る6800系電車。この付近で交差する東海道新幹線のN700系が後方を横切った。◎玉野〜萩原　2020（令和2）年4月7日　撮影：田中義人

菜の花が咲く日光川橋梁を渡る6800系電車。2011（平成23）年から尾西線の津島以北がワンマン化され、朝ラッシュの一部列車を除き6800系に統一された。◎玉野〜萩原 2012（平成24）年4月13日 撮影：田中義人

尾西線の森上〜新一宮間は遅くまでタブレットによる閉そく方式が継続されていた。新一宮をはじめとする各運転取扱い駅では列車の発着のたびにタブレットの授受が行われ、今となっては懐かしいシーンが日常の風景となっていた。◎新一宮 1982 (昭和57) 年6月 撮影:寺澤秀樹

玉ノ井駅を出発する3400系。昔はこの先木曽川港まで線路が延びていた。沿線は繊維産業が盛んでノコギリ屋根の機屋 (はたや) がたくさんあった。3400系はこの年に冷房化され名鉄創業100周年を記念して尾西線にも入線した。◎玉ノ井 1994 (平成6) 年8月27日 撮影:田中義人

尾西線新一宮〜玉ノ井間は現在では一宮市の郊外路線である。電車はモ3561-ク2836。モ3561はモ3504 (モ3500形) が踏切事故で焼失したため、3700系と同様の車体を新製して復旧。AL車だがHL車3700系と同じ車体の珍車。◎玉ノ井 1974 (昭和49) 年3月14日 撮影:安田就視

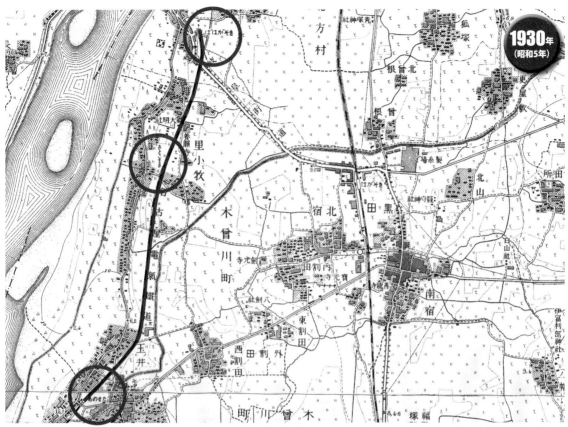

地図の左（西）側には木曽川と尾西線、右（東）側には東海道本線が見える。現在はこの尾西線の玉ノ井〜木曽川橋間は廃止され、代わって名古屋本線が通っている。国鉄（現・JR）の木曽川駅の付近に見える「黒田」は、名鉄の駅名（名古屋本線の黒田駅）となっており、南側には新木曽川駅も設置されている。この当時の木曽川町は現在、一宮市となっている。

尾西鉄道木曽川橋駅で入換をするSL12号（明治村で動態保存）。木曽川橋（国道）を経由して、笠松から美濃電気軌道で岐阜へ連絡していた。名鉄合併後も1935（昭和10）年の名岐線全通までは拠点駅だった。
◎木曽川橋　1920（大正9）年頃　提供：名鉄資料館

たけはなせん

竹鼻線

路線DATA

起点：笠松

終点：江吉良

開業：1921（大正10）年6月25日

　木曽川に近い笠松駅と、長良川に近い江吉良駅を結ぶ名鉄の竹鼻線は、途中駅である竹鼻駅の名称を線名としている。現在は全長10.3キロで、起終点駅を含めて9駅が存在するが、2001（平成13）年10月までは東海道新幹線、名神高速道路を越えて、羽島市南部の桑原町に存在した大須駅に至る6.7キロの路線が存在し、終着駅の大須駅、八神駅など6駅も置かれていた。

　この竹鼻線は、かつて存在していた竹ヶ鼻町の有志により設立された、竹鼻鉄道が建設した路線である。竹鼻鉄道は1919（大正8）年11月に設立。1921（大正10）年6月に新笠松（仮駅、初代）〜竹鼻（一時的に栄町）間が開業した。1929（昭和4）年4月、栄町〜大須間が延伸している。その後、笠松線のほとんどが名岐線に編入されたことで、笠松線は新笠松〜笠松間になっている。1943（昭和18）年3月、名古屋鉄道（名鉄）が竹鼻鉄道を吸収合併して、旧笠松線の新笠松（現・笠松）〜笠松（現・西笠松）間を含む、笠松〜大須間の路線が名鉄の竹鼻線となった。1982（昭和57）年12月、太平洋戦争中に休止されていた江吉良駅が復活し、この駅から新羽島駅に至る羽島線が開通した。2001（平成13）年10月、江吉良〜大須間が廃止された。

　竹鼻線の駅は、起終点駅の笠松駅と西笠松駅が笠松市、柳津駅が岐阜市にあることを除けば、残る6駅すべてが羽島市に置かれている。羽島市は現在の人口が約6万6000人。1954（昭和29）年、羽島郡の竹ヶ鼻町、江吉良村など1町9村が合併して成立している。

◎笠松駅

　名古屋本線と竹鼻線が分岐する線路の間に、駅前ロータリーをもつ西口駅舎がある。東口は旧変電所を利用したものである。竹島線の昇圧は1962（昭和37）年であり、新岐阜（現・名鉄岐阜）まで直通運転となった。

◎西笠松駅

　現在の西笠松駅は1914（大正3）年6月、美濃電気軌道（現・名鉄）が笠松線の笠松口駅（初代）として開業している。1916（大正5）年2月、笠松駅と改称して移転（二代目）。1921（大正10）年6月に竹鼻鉄道（現・竹鼻線）が現在の西笠松駅のある場所に新笠松駅を開業し、さらに同年9月に美濃電気軌道が二代目笠松駅を移し、2本の線の共同使用駅である笠松駅（三代目）となった。1936（昭和11）年5月、名岐線の新笠松駅が笠松駅（四代目）と改称されたのを機に、三代目笠松駅が現在の西笠松駅に改称している。なお、1921年9月に笠松口駅（二代目）として開業した駅が、1942（昭和17）年6月まで笠松〜西笠松間に存在していた。東側の木曽川沿いに笠松町の町役場が置かれており、みなと公園が広がっている。

西笠松駅。◎1978（昭和53）年10月　提供：名鉄資料館

◎柳津駅

　竹鼻線における、岐阜市内ただひとつの駅が柳津駅である。同名の駅は気仙沼線（宮城県）に存在し、ともに「やないづ」と発音する。この柳津駅は1921（大正10）年6月に西柳津駅として開業し、1953（昭和28）年2月に現在の駅名である「柳津」に改称した。急カーブ区間にあったホームを移設するため、2008（平成20）年6月、現在地に移転して無人駅となった。現在の駅の構造は、単式ホーム1面1線を有する地上駅である。駅の所在地は岐阜市柳津町梅松1丁目で、2006（平成18）年1月までは羽島郡に柳津町が存在していた。かつては、西笠松駅との間に東須賀駅、東柳津駅が置かれていたが、と

もに1969（昭和44）年4月に廃止された。

◎南宿駅

　竹鼻線は南西に進み、岐阜市と羽島市の市境を越えて南宿駅に至る。1921（大正10）年6月に開業した南宿駅は、羽島市足近町南宿に置かれている。現在の構造は、相対式ホーム2面2線を有する地上駅で、無人駅となっている。1954（昭和29）年に合併により、羽島市が成立する以前、羽島郡の足近村が存在しており、この足近村は1897（明治30）年に南宿村、市場村など7村が合併して成立した。駅の北西には、岐阜市との境界を成す境川が流れている。また、南宿〜柳津間には戦前、門間駅が存在したが、1969（昭和44）年4月に廃止された。

竹鼻鉄道開業時の南宿駅。◎1921（大正10）年
提供：名鉄資料館

◎須賀駅

　須賀駅は、羽島市正木町須賀小松に置かれている駅である。開業は1921（大正10）年6月。この駅のある場所も、1954（昭和29）年に羽島市が成立する前は、羽島郡の正木村だった。周囲は住宅地である。

◎不破一色駅

　須賀駅とこの不破一色駅は、駅間が0.9キロと短く、この駅の所在地は羽島市正木町須賀となっている。開業は1921（大正10）年6月。現在の駅の構造は、1面1線の単式ホームで狭い。「不破一色」の駅名は、このあたりにあった不破一色村に由来している。この村はもともと一色村だったが、不破氏が住むようになり、不破一色村と変わった。「不破」といえば、古来、東山道にあった不破関が有名で、岐阜県には不破郡も存在していた。この不破郡では、帰化人系の不破氏が勢力を伸ばしていた。また、一色は地名、人名として各地で使われており、愛知県にはかつて

一色町が存在した。不破一色〜竹鼻間には戦前、曲利駅が存在したが、1969（昭和44）年4月に廃止された。

◎竹鼻駅

　かつての竹鼻鉄道の本社が置かれ、開業以来、栄町車庫（後に竹鼻分庫）が置かれていた竹鼻駅。駅の開業は1921（大正10）年6月で、1929（昭和4）年2月に栄町駅に改称し、1951（昭和26）年1月に再び竹鼻駅を名乗るようになった。駅の所在地は羽島市竹鼻町狐穴栄町で、旧竹鼻町の中心地に行くには最も便利な駅である。駅の西側には、羽島市立竹鼻小学校が存在する。この竹鼻駅と羽島市役所前駅との間には戦前、本覚寺前駅が存在したが、1969（昭和44）年4月に廃止された。

竹鼻駅。◎1960（昭和35）年　提供：名鉄資料館

◎羽島市役所前駅

　竹鼻線は、この羽島市役所前駅を含む区間では、南に向かってほぼ真っすぐに進んでゆく。羽島市役所前駅は文字通り、羽島市役所の玄関口となっている。この駅は、1929（昭和4）年2月に二代目竹鼻駅として開業、このとき初代竹鼻駅は栄町駅と改称している。1951（昭和26）年1月西竹鼻駅と改称さ

羽島（現・羽島市役所前）駅。
◎1977（昭和52）年9月　提供：名鉄資料館

れ、さらに1959（昭和34）年に羽島駅と改称。1982（昭和57）年12月、現在の駅名である「羽島市役所前」となった。駅の構造は島式ホーム1面2線を有する地上駅で、駅の所在地は羽島市竹鼻町宮町となっている。駅の西側には、岐阜県立羽島高等学校があるが、この学校は1921（大正10）年に創立された羽島郡実科高等女学校がルーツとなっている。

◎江吉良駅

竹鼻線の終着駅で、羽島線との接続駅となっている江吉良駅だが、実質的には直通運転されている両線の中間駅的な存在である。駅の開業は1929（昭和4）年4月で、1944（昭和19）年に休止された。その後、一連の休止駅が廃止されるなか、羽島線の分岐計画があったために廃止とはならず、1982（昭和57）年12月、羽島線の開通に伴い、復活して両線の分岐駅となった。2001（平成13）年10月、江吉良〜大須間が廃止されている。現在の駅舎は2005（平成17）にできたもので、駅の構造は単式ホーム1面1線を有する地上駅である。駅の所在地は羽島市江吉良町である。

この駅から先、6.3キロの廃止区間には、牧野駅、長間駅、中区駅、市之枝駅、八神駅、大須駅の6駅が

置かれていた。また、戦前には沖駅、美濃石田駅、正専寺前駅、桑原駅の4駅も存在したが、太平洋戦争中の1944（昭和19）年に休止、1969（昭和44）年4月に廃止された。なお、かつての終着駅である大須駅は、羽島市桑原町大須に置かれていたが、このあたりは「大須郷」と呼ばれ、江戸時代初期まで大須観音があった場所である。この地にあった北野天満宮、真福寺が1612（慶長17）年に犬山藩主、成瀬正茂の命で名古屋市内に移され、真言宗智山派の寺院、北野山真福寺宝生院（大須観音）に発展した。現在、この桑原町大須にも真言宗の寺院、真福寺が存在する。

江吉良駅の南側から大須方面を見る。廃止から20年近く経った今でも正面左側、線路用地に沿って架線柱が真っ直ぐに連なっている。右は新羽島へ向かう羽島線。◎江吉良　2020（令和2）年5月　撮影：高野浩一

大須駅。◎1981（昭和56）年5月　提供：名鉄資料館

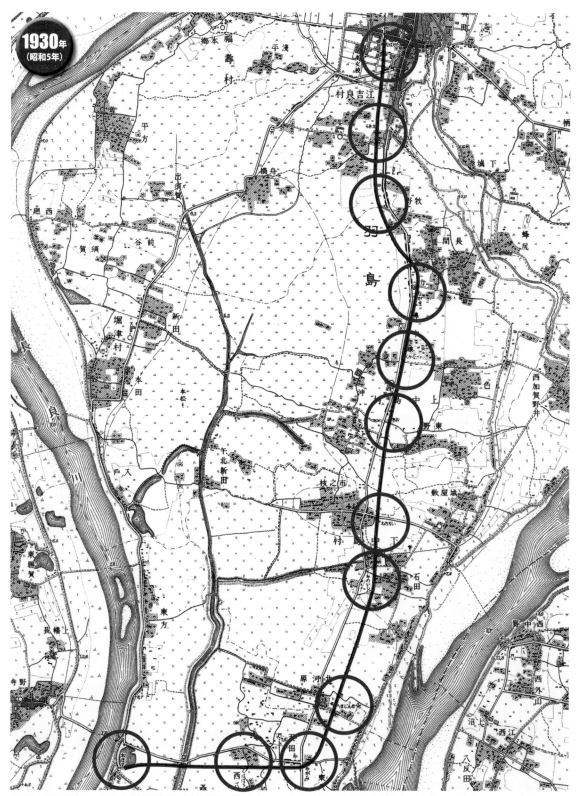

1930年
（昭和5年）

北側には竹鼻（現・羽島市役所前）駅、江吉良駅が置かれている竹鼻線の現役路線があり、南側には廃止区間の江吉良〜大須間の路線が見える地図である。大須駅から廃止された駅をたどると、桑原、八神、正専寺前、美濃石田、市之枝、沖、中区、長間、牧野の各駅が存在した。このあたりの北側には江吉良村、福寿村があり、さらに堀津村、上中島村、下中島村などが見える。羽島郡にあったこれらの町村が合併し、1954（昭和29）年に羽島市が誕生している。

新岐阜駅の名古屋本線ホームで発車を待つHL車3730系（先頭はモ3762）2両の竹鼻線直通大須行き。3730系は3700系と同様、旧型車の台車、機器を再利用し車体を新製した車両であるが、ラッシュ対策として名鉄初の両開きドアを採用した。◎新岐阜　1977（昭和52）年　撮影：長渡 朗

笠松駅竹鼻線ホームに停車中のモ350形351。この当時、本線の電圧は1500Ｖ、竹鼻線は600Ｖだったので、竹鼻線が1962（昭和37）年に昇圧するまで本線と直通運転は出来なかった。◎笠松　1960（昭和35）年　提供：名鉄資料館

HL車3700系（先頭はモ3710）の新岐阜発新羽島行き急行。前面行先に新幹線連絡と表示。羽島線江吉良～新羽島間は1982（昭和57）年12月に開通。急行は新岐阜から30分間隔で運転されたが、現在では一部を除き笠松乗り換えである。◎笠松　1984（昭和59）年６月７日　撮影：安田就視

大須駅の入換用に常駐していたデキ1号（ドイツのシーメンス製）。大須駅は長良川堤防のすぐ横にあった。デキ1号は、もと尾西鉄道の2軸機関車　◎大須　1960（昭和35）年　提供：名鉄資料館

竹鼻鉄道が開業して間もない頃の竹鼻駅（右）と竹鼻鉄道本社（左）。その間の電車はデ1形。竹鼻駅は、一時「栄町」駅と駅名変更し、再び竹鼻駅に戻った。◎竹鼻　1921（大正10）年　提供：名鉄資料館

竹鼻駅は1921（大正10）年6月に開業され一時は栄町駅と称した。竹鼻線は竹鼻鉄道により1921（大正10）年6月に新笠松（現・西笠松）〜栄町間が開通し、大須までの開通は1929（昭和4）年4月である。駅には知多半島海水浴の誘致看板がある。◎竹鼻　1965（昭和40）年7月23日
撮影：荻原二郎

名鉄では珍しかった3ドアロングシートのク2550形（ク2558）先頭の3550系2両の大須行き。前面行先表示に竹鼻方面大須とある。◎竹鼻　1965（昭和40）年7月23日
撮影：荻原二郎

竹鼻車庫のモ300形301。当時の竹鼻線は本線と電圧が異なり、車両は竹鼻線専属で、その検査を竹鼻車庫で行った。モ300
形はもと東美鉄道の車両。◎竹鼻　1960（昭和35）年　提供：名鉄資料館

HL車3730系（モ3747-ク2747）
の竹鼻線大須行き。この車両は
ロングシート、非冷房で窓が大
きく開かれて自然の風を取り入
れている。背後の寺は真宗大谷
派竹鼻別院である。◎竹鼻～羽
島市役所前　1984（昭和59）年
6月7日　撮影：安田就視

1929（昭和4）年4月、大須ま
での延伸時に開業。当初は竹
鼻と称し、1951（昭和26）年1
月に西竹鼻、1959年4月に羽
島と改称（羽島市の市制施行
は1954年4月）され1982（昭
和57）年12月の羽島線開通時
に羽島市役所前に改称。この
駅舎は1995年に改築された。
◎羽島　1965（昭和40）年7
月23日　撮影：荻原二郎

AL車3800系（先頭はモ3821）の新羽島行き。反対側ホームには大須行き区間電車が停車している。竹鼻線の列車体系は新岐阜〜新羽島がメインとなっていた。◎羽島市役所前　1984（昭和59）年6月7日　撮影：安田就視

1929（昭和4）年4月、竹鼻鉄道大須延長時に開設。当初は竹鼻と称し、後に西竹鼻、羽島と変わり1982年12月の羽島線開通時に羽島市役所前に改称された。HL車3730系（先頭はモ3741）の羽島市役所前〜大須間折返し電車が停車中。◎羽島市役所前　1984（昭和59）年6月7日　撮影：安田就視

終点の大須に到着する3700系電車を俯瞰した。◎大須　1983（昭和58）年1月16日　撮影：田中義人

竹鼻線大須行きの3850系電車。名神高速道路と東海道新幹線（手前）の下を連続でくぐっていた。◎長間〜中区 1980（昭和55）年頃　提供：名鉄資料館

クリームにスカーレットの帯が入ったHL車3780系2両の新岐阜行き。3780系は1966（昭和41）年、旧型車の台車、機器を再利用し通勤観光両用として転換クロスシート（1人掛と2人掛）で登場。1977（昭和52）年から瀬戸線に転出し、瀬戸線の近代化に貢献した。◎八神〜大須　1973（昭和48）年10月25日撮影：安田就視

八神はホーム上に木造の待合室があるだけの簡素な造りだった。廃止となった江吉良〜大須間は名鉄の中でも利用客の少ない典型的なローカル線だったが、車両運用は名古屋本線との関連が強く、3100系のほか1800系など、ローカル線には似合わない車両も頻繁に入線していた。◎八神　2001（平成13）年5月12日　撮影：寺澤秀樹

1929年4月、竹鼻鉄道栄町〜大須間開通時に開業。千代保稲荷神社（おちょぼ稲荷）の最寄り駅だった。1982年12月、羽島線（江吉良〜新羽島間）が開通。2001（平成13）年10月、支線的存在になった江吉良〜大須間が廃止された。◎大須 1964（昭和39）年5月5日 撮影：荻原二郎

竹鼻線の終点だった大須はお千代保稲荷の参詣最寄り駅で、その昔は大きな賑わいを見せていた。その名残りを受けて大須行の系統板には「お千代保稲荷」の文字が併記されていた。◎大須 1982（昭和57）年6月 撮影：寺澤秀樹

竹鼻線江吉良〜大須間の営業運転最終日。あいにくの雨模様だったが、大須駅は、お名残乗車で混雑した。電車は、さよならの表示板を掲げて運行した。◎大須 2001（平成13）年9月30日 撮影：田中義人

羽島線

路線DATA

起点：江吉良

終点：新羽島

開業：1982（昭和57）年12月11日

名鉄の羽島線は、竹鼻線の江吉良駅から東海道新幹線の岐阜羽島駅と連絡する新羽島駅に至る1.3キロの路線で、途中駅は置かれていない。当初は江吉良駅で竹鼻線と分岐する形だったが、その後に江吉良〜大須間が廃止されたため、現在では竹鼻線の実質的な延長路線となっている。そのため、羽島線の列車はすべて竹鼻線と直通運転されている。当初は羽島新線と呼ばれていたが、岐阜羽島駅と接続するJR在来線の駅は存在せず、新幹線駅に至る唯一の鉄道路線である。

東海道新幹線における岐阜県内唯一の駅として設置された岐阜羽島駅へ、名鉄の各駅からのアクセス線の役割をもっていたが、ライバル関係にあたる近鉄の岐阜・羽島方面への進出を阻止する意図もあった。すでに近鉄養老線（現・養老鉄道養老線）から岐阜羽島駅方面に至る延伸計画もあるなか、この羽島（新）線は1962（昭和37）年早々に計画されて、1963（昭和38）年5月に免許を取得した。しかし、着工は1975（昭和50）年12月まで遅れ、1982（昭和57）年12月にようやく開業した。

◎江吉良駅

江吉良駅から大須方面への線路用地跡は現在でもはっきりと残っている。羽島線は右へカーブし高架線を行く。江吉良、新羽島の両駅ともに列車交換設備がないため（羽島市役所前〜新羽島が閉塞区間）竹鼻線と一体的に運行される。

◎新羽島駅

1982（昭和57）年12月に開業した新羽島駅。既に東海道新幹線の岐阜羽島駅は1964（昭和39）年10月に開業していたから、18年以上遅れての新駅誕生だった。駅の所在地は羽島市舟橋町。駅の構造は単式ホーム1面1線を有する高架駅である。駅の南側には名神高速道路が走っており、南東には岐阜羽島インターチェンジが置かれている。

新羽島駅に停車中の急行新岐阜行き7300系と、岐阜羽島を出発する0系新幹線。開通して間もない頃で、羽島・竹鼻線に急行が運転されていた。◎新羽島　1982（昭和57）年12月18日　撮影：田中義人

新幹線岐阜羽島駅と岐阜市内を結ぶため、竹鼻線江吉良から分岐し新羽島までの羽島線を建設した。新幹線岐阜羽島駅開業から18年遅れて、1982（昭和57）年12月に開通した。
◎新羽島　1982（昭和57）年12月
提供：名鉄資料館

東海道新幹線の岐阜羽島駅のすぐ隣にある新羽島駅。岐阜の新しい玄関口として開業した。◎新羽島　1985（昭和60）年5月　提供：名鉄資料館

羽島線江吉良〜新羽島間開業に伴い1982（昭和57）年12月11日に開業。3700系（最後部はモ3719）の新岐阜行きが停車中。高架駅でホームは1面1線。この時代は灰皿が設置され、ホームで喫煙することができた。◎新羽島　1984（昭和59）年6月7日　撮影：安田就視

新羽島に到着した3700系の急行列車。行先板に新幹線連絡と書かれているが、新羽島から新幹線に乗り換えるお客は少なかった。
◎新羽島　1983（昭和58）年1月16日　撮影：田中義人

昭和17（1942）年当時の時刻表

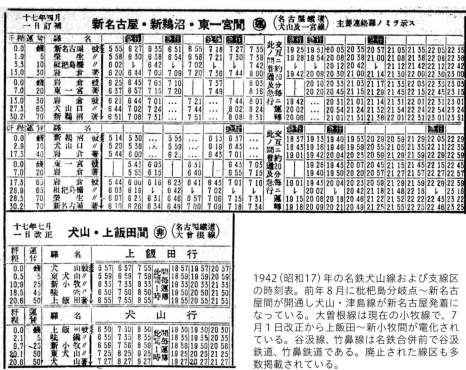

1942（昭和17）年の名鉄犬山線および支線区の時刻表。前年8月に枇杷島分岐点〜新名古屋間が開通し犬山・津島線が新名古屋発着になっている。大曽根線は現在の小牧線で、7月1日改正から上飯田〜新小牧間が電化されている。谷汲線、竹鼻線は名鉄合併前で谷汲鉄道、竹鼻鉄道である。廃止された線区も多数掲載されている。

3章
廃線

◎田神線・美濃町線　新岐阜　1973（昭和48）年4月4日　撮影：阿部一紀

岩倉支線

いわくらしせん

路線DATA

起点：岩倉

終点：小牧

開業：1920（大正9）年9月23日

廃止：1964（昭和39）年4月26日

　1920（大正9）年9月に名古屋電気鉄道が岩倉〜（初代）小牧（旧市街、現在の小牧駅の西側、小牧4丁目付近）間を小牧線として開業した。

　1931（昭和6）年2月、上飯田〜新小牧間に現在の小牧線に当たる城北線（2ヶ月後に大曽根線に改称）を開業。小牧と新小牧は離れていたため1945（昭和20）年5月に小牧線のルートを変更して大曽根線と接続し、（初代）小牧を廃止、新小牧を小牧に改称した。1948（昭和23）年5月、大曽根線が小牧線に改称されたことで、岩倉〜小牧は岩倉支線となった。新設する国道との交差に関わる交渉により、岩倉支線は1964（昭和39）年4月に廃止された。

　廃止された時点の岩倉支線は、岩倉から小牧市までほぼ東西に結ばれた、全長5.5キロの路線で、起終点駅の岩倉、小牧を含んだ5駅が存在した。途中駅では小木駅、小針駅、西小牧駅の3駅以外に、太平洋戦争中に休止された中市場駅が存在した。

岩倉支線の廃線跡を走る小牧行きバス。岩倉駅付近の曲線部の廃線跡はバス専用道となり、平成の時代まで残っていた。
◎岩倉　1964（昭和39）年　提供：名鉄資料館

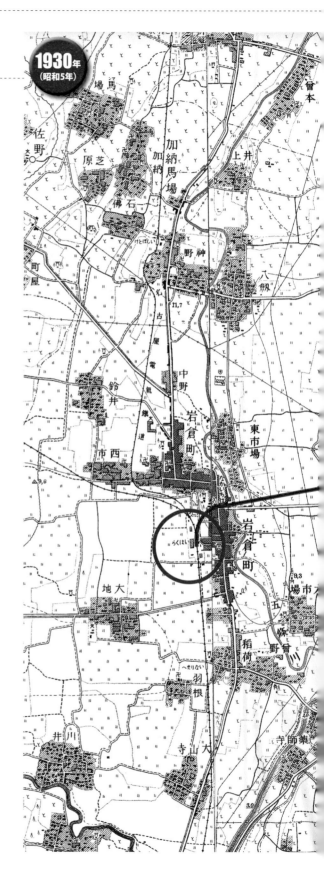

1930年
（昭和5年）

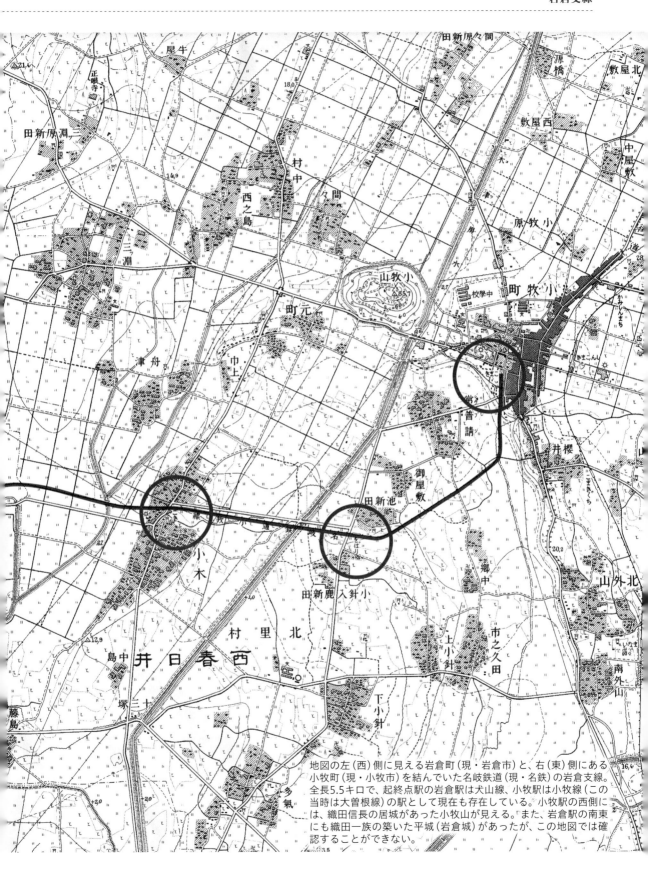

地図の左（西）側に見える岩倉町（現・岩倉市）と、右（東）側にある小牧町（現・小牧市）を結んでいた名岐鉄道（現・名鉄）の岩倉支線。全長5.5キロで、起終点駅の岩倉駅は犬山線、小牧駅は小牧線（この当時は大曽根線）の駅として現在も存在している。小牧駅の西側には、織田信長の居城があった小牧山が見える。また、岩倉駅の南東にも織田一族の築いた平城（岩倉城）があったが、この地図では確認することができない。

小牧線と合流する岩倉支線の電車 ク2300形 ＋ モ3350形。小牧駅の少し南で合流していた。◎小牧　1964（昭和39）年　撮影：清水　武

小牧駅で並んだ電車。左が岩倉支線のモ3350形で1500 V車。その右の2両は小牧線の600 V車。真ん中はモ1000形、その右はク2260形で共に大正生まれの古典車。◎小牧 1964（昭和39）年3月　撮影：清水　武

岩倉駅構内全景。岩倉は名古屋電気鉄道初の郊外路線である一宮・犬山線の分岐駅として開業、その後、小牧とつなぐ小牧線（→後に岩倉支線と改称）の分岐駅にもなった。右端が岩倉支線ホーム。左端が車庫。◎岩倉　1960（昭和35）年頃　提供：名鉄資料館

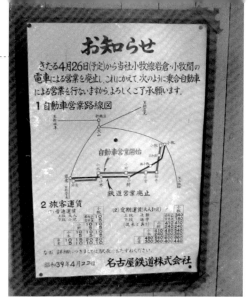

岩倉駅の岩倉支線ホームに停車中の小牧行き電車ク2230形2239。この車両はもと600Vのモ650形の電装解除しク2230形となったが、ク2238、2239は1500Vの制御車となった珍車である。◎岩倉 1959（昭和34）年頃　提供：名鉄資料館

新岐阜駅で見かけた岩倉支線（岩倉〜小牧間）廃止を告げるポスター。岩倉支線は1964（昭和39）年4月26日で廃止され、代行バスが走り始めた。◎1964（昭和39）年5月5日　撮影：荻原二郎

犬山線 岩倉と小牧線 小牧を結んでいた岩倉支線。電車は3ドアロングシートの3550系（先頭はモ3560）。岩倉支線は1920（大正9）年9月、名古屋電気鉄道として開通。戦争末期に小牧線と接続したが、名古屋市内へのアクセス需要がないことが影響し、1964（昭和39）年4月に廃止された。◎岩倉　1962（昭和37）年6月25日　撮影：荻原二郎

小牧駅1番線に到着する岩倉支線の電車3700系。当時、岩倉支線は1500V、2・3番線の小牧線は600Vだった。小牧駅には600V車用の車庫があった。◎小牧　1961（昭和36）年　提供：名鉄資料館

一宮線

路線DATA

起点：岩倉

終点：東一宮

開業：1912（大正元）年8月6日

廃止：1965（昭和40）年4月25日

　名古屋電気鉄道が1912（大正元）年8月に枇杷島～西印田間を開業し、既に開通していた押切町～枇杷島間を含めた押切町～西印田間を一宮線とした。翌年1月に西印田～東一宮間が延伸開業した。全線複線で幹線扱いだったが1928（昭和3）年4月に名岐鉄道の押切町～新一宮が開業すると需要が減少。

　1941（昭和16）年8月に新名古屋開業時に押切町～枇杷島橋間が廃止、枇杷島橋～新鵜沼間は犬山線に編入され、一宮線は岩倉～東一宮間のみとなり戦時中に単線化されてしまった。

　その後、道路交通との交差問題もあり一宮線は1965（昭和40）年4月で廃止された。この時には7.1キロの区間に、起終点駅を含めて7駅が置かれていた（岩倉、元小山、羽根、浅野、印田、花岡町、東一宮）このうち、岩倉町（当時）にあった岩倉駅を除けば、6駅すべてが一宮市に置かれていた。一宮市は現在の人口約37万9000人。1921（大正10）年、一宮町が市制を施行して一宮市が成立した。市内には、尾張一宮と呼ばれてきた天火明命を祀る真清田神社が鎮座しており、門前町である現在の一宮市が発展した。現在まで繊維産業が盛んな街でもある。

浅野駅の駅舎。開業当初からの立派な駅舎が廃止まで残った。同時期に開業した、岩倉、布袋などと似た名古屋電気鉄道様式の駅舎だった。
◎浅野　1965（昭和40）年2月　撮影：清水　武

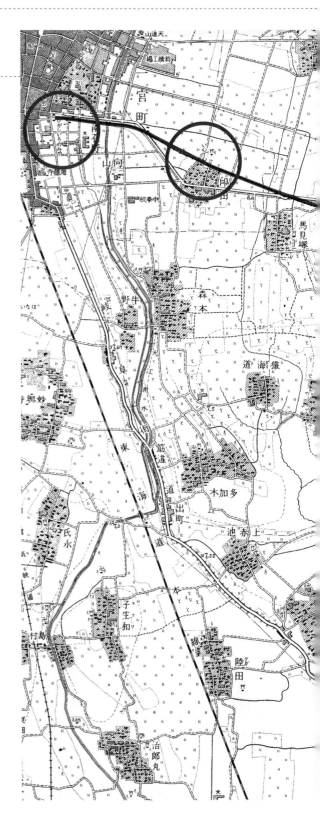

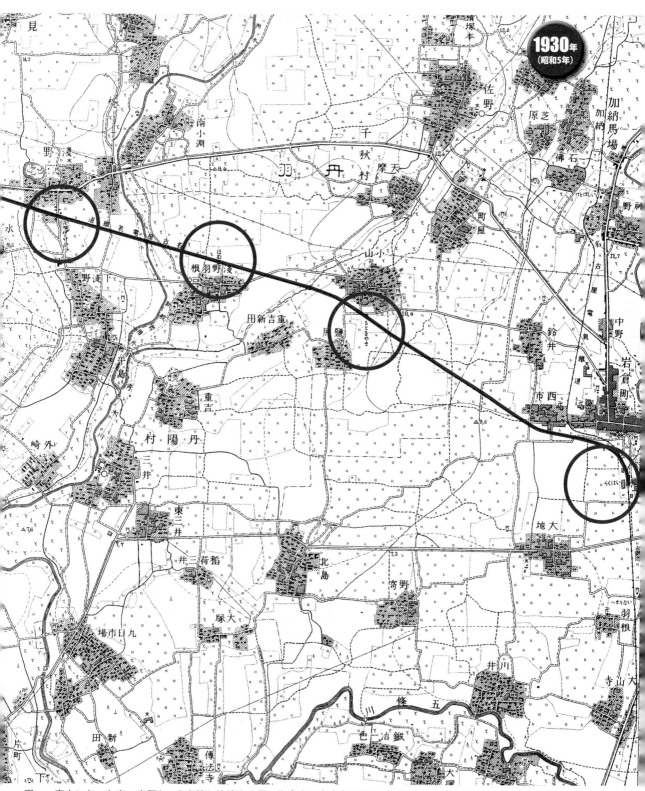

現・一宮市にあった東一宮駅と、犬山線と接続する現・岩倉市の岩倉駅を結んでいた名鉄の一宮線。その起源は古く、1910
（明治43）年5月に名古屋電気鉄道が建設した枇杷島線がルーツで、名古屋市内とも結ばれていた。当初、起終点駅の東一宮
駅は一宮市内における重要な役割を果たしていたが、名古屋本線の全通で次第に存在感が低下した。この当時の沿線には農
地が広がっていた。

一宮線開通時は複線だったが、戦時中に単線化された歴史が分かる写真。印田駅は、開通と同時にできたが、戦時中に休止、戦後に駅が復活するとき、複線の旧線路跡にホームができた。◎印田　1965（昭和40）年4月　撮影：清水 武

新一宮駅、尾張一宮駅に近接していた東一宮駅。1913（大正2）年1月に開設され、名古屋市内から幹線として枇杷島、岩倉経由で一宮市内まで結んだが、1935（昭和10）年の名岐鉄道押切町〜新岐阜間全通で本線機能は移った。1965（昭和40）年4月道路交通との交差問題などもあり、一宮線は廃止された。この場所は現在の本町交差点付近である。
◎東一宮　1962（昭和37）年6月25日　撮影：荻原二郎

東一宮駅に停車中の木造車モ1070形。この当時の構内は広く、幹線のターミナルの面影が残っていた。◎東一宮　1955（昭和30）年7月　撮影：白井 昭

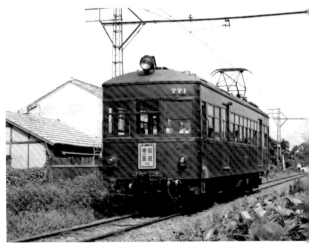

大江川橋梁を過ぎ、終点の東一宮に向かうモ770形。1935（昭和10）年に名岐線が全通したため、複線だった一宮線は支線に格下げされ、戦時中に単線化された。◎東一宮〜花岡町　1954（昭和29）年8月31日　撮影：権田純朗

一宮線

改札口から見た東一宮駅ホーム。モ3350形が停車中。線路が1線に減り、乗車用と降車用にホームが分離された。
◎東一宮 1959（昭和34）年頃 提供：名鉄資料館

一宮線と犬山線が合流する付近。1912（大正元）年に一宮・犬山線が開通したときは、手前の一宮線が本線（複線）で、犬山線は支線（単線）だった。電車は、登場して間もない3730系。◎岩倉付近 1965（昭和40）年4月
撮影：清水 武

浅野駅で列車交換。一宮線が単線化されたあとは、浅野駅が唯一の交換駅で、通常はこの駅で列車交換した。
◎浅野1965（昭和40）年4月 撮影：清水 武

岩倉駅に停車中の一宮線の電車ク2300形。一番西側の1番線が、晩年の一宮線のホームだった。その向こう側には電車の車庫があった。◎岩倉 1965（昭和40）年4月 撮影：清水 武

東一宮駅は1935（昭和10）年まで名古屋電気鉄道（→名鉄）の
ターミナルで広い構内だった。その用地を利用、駅に隣接し
てバスの営業所（一宮自動車営業所）とバスターミナルを建
設。東一宮は一宮付近のバス路線網の中心地だった。当時、
駅の周辺には映画館や飲食店が立ち並び、賑わっていた。
◎東一宮　1965（昭和40）年4月　提供：朝日新聞社

八百津線

路線DATA

起点：明智	
終点：八百津	
開業：1930（昭和5）年4月30日	
廃止：2001（平成13）年10月1日	

　明智駅と八百津駅の間を結んでいた八百津線は、もともとは1930（昭和5）年に東美鉄道が開業した路線で、その後の1943（昭和18）年3月に名古屋鉄道の東美線となり、1948（昭和23）年5月に広見線に編入された本線（現・広見線）と切り離されて、八百津（支）線となった。1984（昭和59）年からLEカーと呼ばれる小型気動車を導入し、電化設備は撤去された。2001（平成13）年10月に廃止されたときの路線は、明智～八百津間の7.3キロで、起終点駅を含んで5駅が存在した。このうち、明智駅は岐阜県可児市、兼山口駅と兼山駅は可児郡兼山町（現・可児市）、中野駅と八百津駅は加茂郡八百津町に置かれていた。また、戦前には東伏見駅、城門駅、伊岐津志駅が存在した。また、八百津駅の先には、丸山ダム建設のための丸山水力専用鉄道が存在した歴史もある。

　線名になっている「八百津」は、1889（明治22）年加茂郡細目村が町制を施行、八百津町が成立しており、地名の由来には諸説が存在する。このあたりは古くから林業が盛んであり、また、八百津煎餅が町の名物となってきた。町内には人道の丘公園があり、岐阜県出身の外交官、杉原千畝の功績を紹介する杉原千畝記念館が存在する。

犬山駅で発車を待つ650形の八百津行き。600Vの時代の光景である。
◎犬山　1962（昭和37）年2月25日　撮影：荻原二郎

1932年（昭和7年）

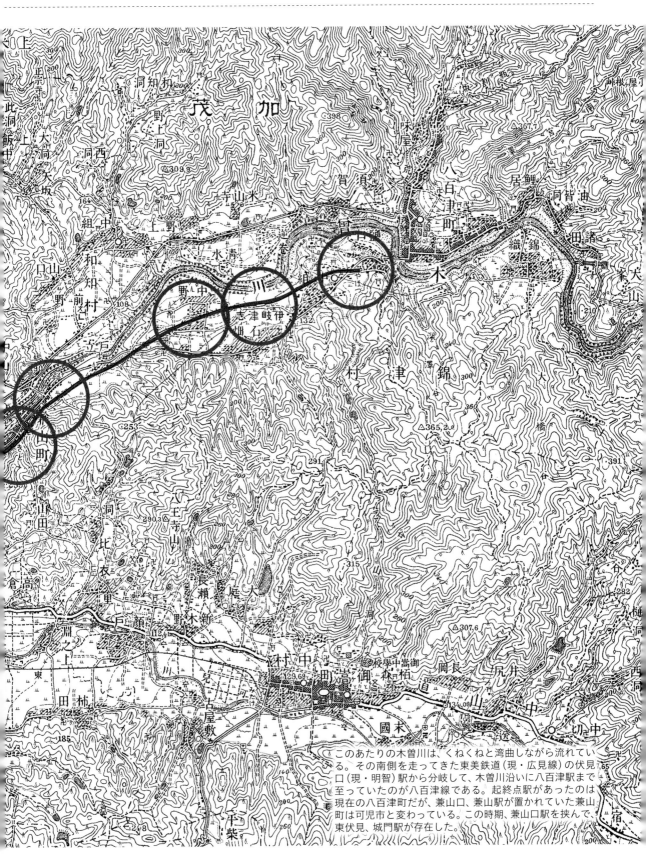

このあたりの木曽川は、くねくねと湾曲しながら流れている。その南側を走ってきた東美鉄道（現・広見線）の伏見口（現・明智）駅から分岐して、木曽川沿いに八百津駅まで至っていたのが八百津線である。起終点駅があったのは現在の八百津町だが、兼山口、兼山駅が置かれていた兼山町は可児市と変わっている。この時期、兼山口駅を挟んで、東伏見、城門駅が存在した。

1930（昭和5）年10月、東美鉄道伏見口（現・明智）〜八百津間開通時に開業。戦時中に名鉄へ吸収合併。「奥ライン」と呼ばれる蘇水峡の入口で一時は犬山方面からの直通列車もあった。しかし、需要が少なく、閑散線区対策で1984（昭和59）年9月からレールバス（LEカー）が導入、それでも根本的な収支改善に至らず2001（平成13）年10月に廃止された。◎八百津 1964（昭和39）年5月5日 撮影：荻原二郎

東美鉄道時代の八百津駅。東美鉄道とは1918（大正7）年12月、新多治見〜広見間に蒸気列車による軽便鉄道を開通させた東濃鉄道（現在の同名の会社とは異なる）が前身である。
◎八百津 提供：名鉄資料館

御印紅葉文田澤・前葉弊臨東市堂名名

【東美鉄道沿線名勝案内（昭和戦前期）】

広見（現・新可児）駅から伏見口（現・明智）駅を経由して、御嵩（初代、現・御嵩口）駅、八百津駅まで延びる2本の路線をもっていた東美鉄道の路線図である。名鉄では東美線と呼ばれ、後に御嵩駅までの路線は現在の広見線となり、八百津駅までの路線は八百津線となった後の2001（平成13）年10月に廃止されている。点線で示されている裁判所前駅（仮称）までの延伸部分については、戦後の1952（昭和27）年4月に御嵩口〜御嵩（二代目）間が開業している。
所蔵：生田 誠

電車時代の八百津に停車中の3700系。八百津線内ローカルはHL車が運用に入ることが多かった。行先系統板に表記されている伏見口は1982（昭和57）年4月に現在の明智に改称された。◎八百津 1979（昭和54）年10月10日　撮影：寺澤秀樹

兼山駅のキハ30形。兼山は八百津線中間の拠点駅で、昔は貨物取扱い駅であり、兼山ダム建設のための専用線がこの駅から出ていた。広い構内にその面影が残っていた。◎兼山 2000（平成12）年11月26日 撮影：田中義人

廃止1週間前の八百津駅。振替休日のため、お名残乗車の人たちで賑わっていた。昔はこの先、丸山ダム建設のため丸山水力専用鉄道が出ていて、右の空き地には貨車用の側線があった。◎八百津 2001（平成13）年9月24日 撮影：田中義人

廃止がカウントダウンの段階になった頃、一部の定期列車に電車時代に運転されていた「蘇水湖号」の系統板が掲出された。新可児までは7000・7500系、新可児→明智は3400系、明智→八百津はキハ30型のリレー型式で運転され、ファンの注目を集めた。◎中野〜八百津 2001（平成13）年9月23日 撮影：寺澤秀樹

美濃金山（兼山）城址の下のトンネルへ入るキハ10形。八百津線は経費節減のため、この年に電車運転からLEカー（軽快気動車）運転に切り換えた。◎兼山口～兼山　1984（昭和59）年　提供：名鉄資料館

八百津線はその昔、沿線に建設されたダムの資材輸送に活用され、活況を呈していた時期があった。写真の兼山ダムもそのひとつで、八百津線はダムのすぐ横を走っていた。◎兼山～中野　2001（平成13）年9月23日　撮影：寺澤秀樹

モンキーパークモノレール線

路線DATA

起点：犬山遊園
終点：動物園前
開業：1962（昭和37）年3月21日
廃止：2008（平成20）年12月28日

　モンキーパークモノレール線は、1962（昭和37）年3月から2008（平成20）年12月まで存在した、名鉄のモノレール線である。犬山線と接続する犬山遊園駅と動物園駅の間の1.2キロを結んでおり、当初はラインパークモノレール線と呼ばれていた。1980（昭和55）年1月、施設の名称が犬山ラインパークから日本モンキーパークに変更されたのに合わせて、路線名を変更した。

　このモノレールは日本初の坐る跨座式モノレールであり、この技術は東京モノレールにも応用されており、名鉄は東京モノレールの経営にも参画した。当初は博物館明治村などへの延伸も計画されていた

ものの、複線化とともに実現することはなかった。

◎成田山駅

　モンキーパークモノレール線の唯一の中間駅である成田山駅は成田山敷地内の駐車場上にあった。有人駅であったが、自動券売機やトイレの設置はなかった。

◎動物園駅

　モンキーパークモノレール線の終着駅だった動物園駅は、1962（昭和37）年3月に開業し、2008（平成20）年12月までの46年間にわたり存在していた。駅の所在地は犬山市大字犬山字官林で、日本モンキーパークの敷地内に置かれていた。駅の構造は単式1面1線の地平駅で、駅の上層部にあったカフェレストランは現在も営業している。また、当時の車両である名鉄MRM100形電車は、跡地に静態保存されている。

犬山モノレールの開通記念式典。モノレールの犬山遊園駅ホーム上で式典が行われた。モノレール乗降ホームは犬山線の名古屋方面ホーム（2番線）の上に出来た。◎犬山遊園　1962（昭和37）年3月21日　提供：名鉄資料館

モノレール開業直後に見られた乗車のための大行列。特に行楽シーズンは犬山線からの乗り換え客で混雑した。◎犬山遊園
1962（昭和37）年3月　提供：名鉄資料館

桜満開の日本モンキーパークを走るモノレール（ラインパークは1980年にモンキーパークと改称）。名鉄唯一のアルミ車体
で銀色塗装だった。◎成田山〜動物園　1986（昭和61）年頃　提供：名鉄資料館

開業直後のモノレール。右奥の2階建てビルが動物園駅。1962（昭和37）年3月、跨座式モノレールを開業した名鉄は1964（昭和39）年開業の東京モノレール羽田線の経営にも参画し、東京オリンピックに間に合わせた。犬山のモノレール線は、その技術的基礎となったことでも知られている。◎成田山〜動物園　1962（昭和37）年　提供：名鉄資料館

犬山ラインパーク（後に日本モンキーパークと改称）を走る開通直後のモノレール。左端が終点の動物園駅。MRM100形の
３両組成が２本製造され、多客時は写真のように２本連結して運転された。
◎成田山〜動物園　1962（昭和37）年　提供：名鉄資料館

初詣客でわう犬山成田山とモノレール。門前を走るモノレール車両の右（東）に成田山駅のホームがあり、当時はモノレール
を利用する初詣客も多かった。写真左上には犬山遊園駅があり、その先（左上隅）には木曽川に架かる犬山橋も見える。
◎犬山遊園〜成田山　1965（昭和40）年１月頃　提供：名鉄資料館

勝川線

かちがわせん

路線DATA

起点：味鋺	
終点：新勝川	
開業：1931（昭和6）年2月11日	
廃止：1937（昭和12）年2月1日	

勝川線は、小牧線の味鋺駅と新勝川駅を結ぶ路線である。全長2.1キロで、途中駅として勝川口駅が置かれていた。1931（昭和6）年2月、名岐鉄道の勝川線が開業。同時に開業した城北線（現・小牧線）の支線的な位置づけとなるが、新勝川から先の工事については目途が立たず、1936（昭和11）年4月に休止、1937（昭和12）年2月に廃止された。

終着駅の新勝川駅は、東春日井郡勝川町柏井に置かれていた。この勝川町は1943（昭和18）年に鳥居松村などと合併して、春日井市が成立している。

勝川線は味鋺駅を発車すると東にカーブし、ほどなくして八田川を渡る。かつては鉄橋の橋台が遺構として残っていたが、現在は撤去されている。勝川線は非電化単線でキボ50形ガソリンカーが運転されていた。
◎2020（令和2）年5月　撮影：高野浩一

名岐鉄道（現・名鉄）の大曽根（現・小牧）線の味鋺駅から分岐して、新勝川駅に至る勝川線。終着駅付近には勝川の市街が広がり、中央本線の勝川駅が置かれていた。このあたりには1943（昭和18）年、春日井市が誕生しているが、それ以前は東春日井郡に勝川町が存在した。全長2.1キロの勝川線には、途中駅として勝川口駅が置かれていた。地図の下（南）側には庄内川が流れている。

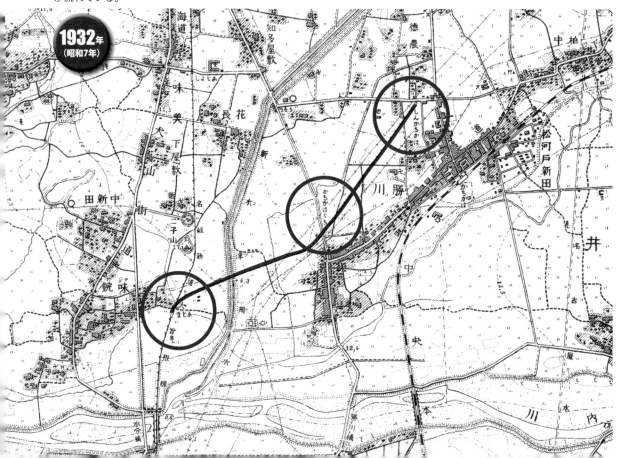

1932年（昭和7年）

清洲線

路線DATA

起点：丸ノ内

終点：清洲町

開業：1914（大正3）年9月22日

廃止：1948（昭和23）年8月3日

　清洲線は、1914（大正3）年9月、名古屋電気鉄道が津島線の須ケ口から分岐線として須ケ口〜清洲間を開業。初代の名古屋鉄道となった後の1928（昭和3）年4月、名岐線の丸ノ内〜西清洲（現・新清須）間を延伸して押切町〜新一宮間が開業すると、須ケ口〜丸ノ内間は名岐線に編入され、清洲線は丸ノ内〜清洲間となった。清洲は1889（明治22）年に清洲町と改称した。

　清洲線の途中駅として農業試験場前駅（後に試験場前駅に改称）が置かれていた。清洲線は、わずか1.0キロの短い路線であり、全線が清洲町（現・清須市）を通っていた。

名古屋本線（左）から右に分岐して清洲町の中心部に向かう清洲線。線路跡は道路と化した。清洲線には、もと貴賓車の大型単車デシ551が活躍した。
◎2020（令和2）年5月　撮影：高野浩一

名古屋本線の須ヶ口駅から津島線、丸ノ内駅から清洲線が分かれていた頃の地図である。清洲線はわずか1.0キロの短い路線だったが、途中駅として（農場）試験場前駅が置かれていた。駅の東側に見える農事試験場は、1896（明治29）年にこの地に移転。戦後には園芸試験場となっていた。現在は東海道本線の南側を東海道新幹線が走っている。現・名古屋本線の西清洲駅は、新清洲駅に変わっている。

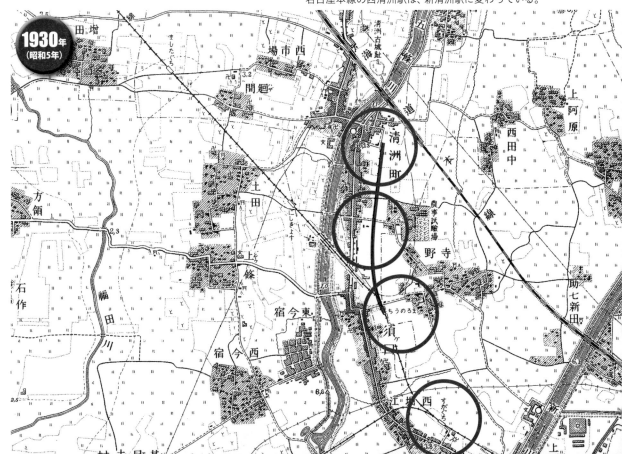

1930年
（昭和5年）

起線

路線DATA

起点：新一宮

終点：起

開業：1924（大正13）年2月1日

廃止：1954（昭和29）年6月1日

起線は1922（大正11）年3月に設立された蘇東電気軌道が計画した路線で、翌年（1923年）、蘇東電気軌道が名古屋鉄道（名鉄）に合併されたため、名鉄の蘇東線として、1924（大正13）年2月に起〜一宮（後の八幡町）間が開業した。1930（昭和5）年12月、尾西鉄道（現・尾西線）と線路を共用する形で、名岐線の新一宮駅に乗り入れを行った。1948（昭和23）年5月、起線に名称を改めている。しかし、1953（昭和28）年6月に運行を休止し、1954（昭和29）年6月に廃止された。

この起線は5.6キロの軌道線（路面電車）で、当時の中島郡起町から大和町を経由して一宮市に至っていた。大和町はその後、一宮市に編入されており、起町も合併により尾西市となった後、一宮市の一部と変わっている。短い線ながら、起終点駅を含む10駅が存在しており（新一宮駅を除く）、それぞれの駅間はかなり短かった。

バス化直前の起線。単線で輸送力が不足したため1953（昭和28）年に休止しバス輸送化、翌年正式に廃止された。戦後の支線バス化の第1号となった。　◎1953（昭和28）年　提供：名鉄資料館

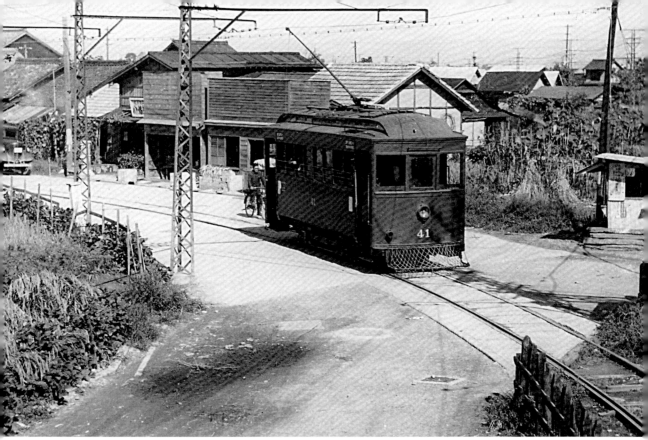

一宮付近の2軸車モ40形。もとは起線の開業用に1924（大正13）年に製造されたデシ100形で、起線廃止まで活躍した。起街道の道路上を走ってきた電車は、ここで尾西線に合流し、新一宮駅に到着する。
◎一宮（八幡町）　1948（昭和23）年頃　提供：名鉄資料館

終点・起駅で出発を待つモ40形。起線は、美濃路の宿場町・起と一宮を結んだ路面電車。
◎起　1952（昭和27）年4月26日　撮影：権田純朗

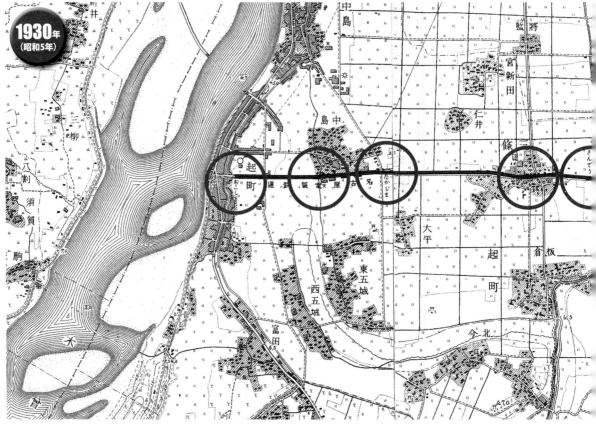

新一宮駅起線ホームのモ40形。起線は出発してすぐ尾西線へ合流、その北の踏切手前で尾西線から分岐した。1952（昭和27）年末に尾西線が1500Ｖに昇圧したので、起線は新一宮駅へ乗り入れ不可となり、手前の八幡町で折り返したが、その半年後に休止されバスに転換された。◎新一宮　1952（昭和27）年4月　撮影：権田純朗

当初は一宮（後に八幡町）駅を起点とし、後に新一宮（現・名鉄一宮）駅から分岐する形になっていった起線。ほぼ東西に真っすぐに延びていた起線の終着駅である起駅は、木曽川の畔に置かれていた。全長5.6キロ（廃止時は5.3キロ）で、新一宮駅を含んだ11駅が存在した。中島郡にあった起町は毛織物業が盛んであり、合併によって尾西市の中心地となり、現在は一宮市となっている。

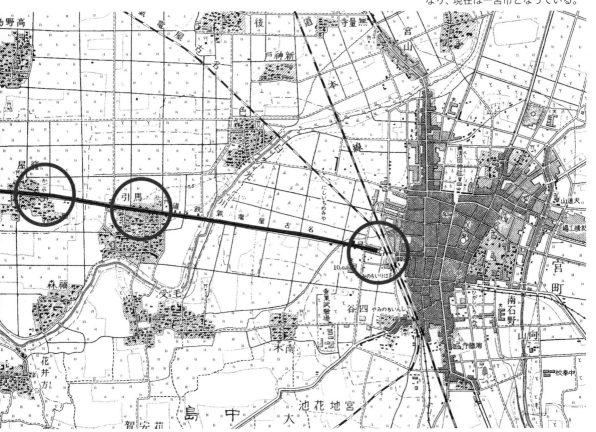

戦前には蘇東線と呼ばれていた、後の名鉄起線。単線の軌道線（路
面電車）であり、当初の起終点駅となっていた一宮駅（後の八幡町
駅）付近の風景で、雨の降った後か路面は濡れている。商店街が
見える街並みを歩いている中には着物姿の人が多く、昭和戦前期
の地方都市の風俗の様子を物語っている。
◎1938（昭和13）年1月　提供：朝日新聞社

岐阜市内線

路線DATA

起点：岐阜駅前	起点：徹明町
終点：忠節	終点：長良北町
開業：1911（明治44）年2月11日	
廃止：2005（平成17）年4月1日	
※徹明町～長良北町間は1988（昭和63）年6月1日廃止	

　名鉄の岐阜市内線は、岐阜市内の徹明通り、忠節橋通り、長良橋通り（神田町通り）を走っていた路線電車（軌道線）で、全線均一区間の「岐阜市電」ともいえる存在だった。全廃となったのは2005（平成17）年4月であり、1911（明治44）年2月の開通以来、一世紀近くにわたって岐阜市民の足となってきた。

　この路線を開業したのは美濃電気軌道で、1911（明治44）年2月に駅前（後に岐阜駅前）～今小町（泉町と統合を経て大学病院前）間が開業。同年10月に今小町～本町間、1912（明治45）年8月に本町～長良橋間が延伸している。1915（大正4）年11月、長良橋～長良北町間が開業。1925（大正14）年6月に支線にあたる徹明町～千手堂間、同年12月に千手堂～忠節橋間が開業した。戦後になって、1953（昭和28）年7月には忠節橋～忠節間が延伸して、全線の形が整った。また、岐阜市内線は揖斐線、谷汲線、美濃町線とは一体的に運行が行われていた。その後、利用者の減少などの理由と、長良地区での「ぎふ中部未来祭」開催のため、1988（昭和63）年6月に徹明町～長良北町間の3.9キロが廃止。2005（平成17）年4月には岐阜駅前～忠節間の3.7キロが廃止され、全区間撤退となった。路面電車で賑わった岐阜市街はレールのない街になってしまった。

新岐阜駅前交差点を長良北町に向かう小型車モ35形。市内線の北部の本町付近に急カーブがあり伊奈波通以北は大型車が入れず、小型2軸車が1967（昭和42）年まで活躍した。◎新岐阜駅前　1960（昭和35）年　提供：名鉄資料館

新岐阜駅周辺の航空写真。中央の駅ビル（新岐阜百貨店）の手前の神田町通りを岐阜市内線が走っていた。新岐阜駅前交差点を東（写真上）に進むと市内線の車両基地・岐阜工場（左端・中）があった。◎1959（昭和34）年4月　提供：名鉄資料館

繁華街の徹明町交差点から岐阜に向かう大型車モ570形。徹明町交差点角に丸宮百貨店、柳ヶ瀬には丸物百貨店があった。共に看板が電車屋根上に写っている。◎徹明町　1961（昭和36）年7月　提供：名鉄資料館

金華山・岐阜城の麓の公園前に停車中のモ550形。550形は
元金沢市内線の電車。スリムな車体だったので市内線北部
の急カーブに入線でき、小型2軸車を置き換えた。◎公園
前　1972（昭和47）年5月　撮影：田中義人

雨の新岐阜駅前に並んだ電車。左の赤白電車510形は揖斐線
から市内線へ直通してきた急行。右の電車は長良北町行きの
550形で、もと金沢市内電車。◎新岐阜駅前　1974（昭和49）
年10月8日　撮影：西川和夫

新岐阜駅前から徹明町方面へ向かう岐阜市内線。美濃電軌軌道が1911（明治44）年に開業した岐阜市内線は、名鉄と合併後
も岐阜市民の足として活躍していたが、平成17年に全線廃止された。
◎新岐阜駅前　1961（昭和36）年1月6日　提供：名鉄資料館

揖斐線からの新岐阜駅前行直
通急行の折り返しは道路上で
行われた。転線の際にはスプ
リングポイントの高らかな音
が周囲に響き渡っていた。
◎新岐阜駅前　1979（昭和54）
年6月24日　撮影：寺澤秀樹

車体をきしませながらモ510とモ
520のペアが徹明町の急カーブを
ゆっくりと通過する。どちらも大
正生まれで、たまご型の前面形状
を持ったクラシカルなスタイルは
40年前当時でも人気が高かった。
◎徹明町　1980（昭和55）年10月
4日　撮影：寺澤秀樹

鵜飼シーズン中は夕方になると何艘もの屋形船が順番に上流に向かって行く。陽が沈み、あたりが暗くなってくると長良川
名物の鵜飼がスタートする。◎鵜飼屋〜長良橋　1980（昭和55）年9月6日　撮影：寺澤秀樹

岐阜駅前に停車中の忠節行きのモ560形564号。終点忠節で揖斐・谷汲線へ連絡した。もと北陸鉄道金沢市内線のモハ2200形で1967（昭和42）年の金沢市内線廃止に伴い翌1968年に名鉄岐阜市内線に転入した。◎岐阜駅前　1984（昭和59）年6月7日　撮影：安田就視

岐阜市内長良線（徹明町～長良北町）廃止3日前の徹明町交差点。「さよなら」の装飾電車が交差点を通過する。◎徹明町　1988（昭和63）5月29日　撮影：田中義人

大正時代製造のモ510形の車内。岐阜市内線と揖斐線との直通運転に備え、1967（昭和42）年に出力増強、パンタグラフ化、路面区間での乗降用ステップの取付けが行われ、片側1人掛けと2人掛けの転換クロスとなった。◎1999（平成11）年4月　撮影：山田亮

早田付近を走るモ780形は1997（平成9）年4月に4両、翌年4月に3両が製造された。2005（平成17）年に岐阜地区600V線区全廃により7両すべてが豊橋鉄道へ譲渡され活躍している。◎早田　2004（平成16）年8月21日　撮影：寺澤秀樹

忠節橋上ですれ違う、右の570形は1950（昭和25）年製で、戦後の岐阜市内線最初の新車。左の770形は1987（昭和62）年製の連接車で、岐阜市内線〜揖斐線直通用に製造された市内線初の冷房車。◎西野町〜早田　1987（昭和62）年頃　提供：名鉄資料館

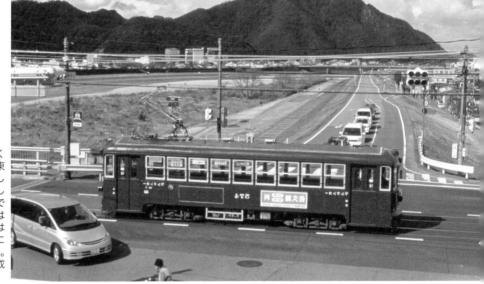

廃止間近の岐阜市内線を行くモ570形574。モ570形は東京都電6000形をモデルとして1950（昭和25）年に登場した岐阜市内線初のボギー車で戦後初の新車。このモ574は1953年製造である。登場時はクリームと淡緑だったが後にスカーレット一色になった。◎早田〜西野町　2005（平成17）年3月　撮影：山田亮

長良川に架かる忠節橋を渡るモ520形（モ522）の揖斐発 新岐阜行き直通急行。忠節橋は戦後まもない1948（昭和23）年8月に竣工し、岐阜市内線が忠節まで延長され揖斐線と連絡した。◎早田〜西野町　1973（昭和48）年8月28日　撮影：安田就視

たかとみせん

高富線

路線DATA

起点：長良北町

終点：高富

開業：1913（大正2）年12月25日

廃止：1960（昭和35）年4月22日

　現在、岐阜県にある山県市は2003（平成15）年、高富町、美山町、伊自良村が合併して成立している。この高富町と岐阜市の境界付近から、岐阜市内の長良北町までを結んでいたのが、名鉄の高富線であり、そのルーツは1913（大正2）年12月に開業した長良軽便鉄道にさかのぼる。この長良軽便鉄道は長良（後の長良北町）〜高富間を結んでおり、1915（大正4）年11月に美濃電気軌道（後の岐阜市内線）が長良橋〜長良北町間を開業したことで、岐阜市内線と結ばれた。1920（大正9）年9月に長良軽便鉄道は美濃電気軌道に合併されて高富線となり、その後に名鉄の高富線となった。高富線は全長5.1キロの路線で、起終点駅を含めて8駅が存在した。

　岐阜駅前から北に向かう長良橋通りは、国道256号の一部であり、岐阜市内北部から山県市にかけての部分は高富街道と呼ばれている。この高富街道には現在、高富バイパスが設けられ、岐阜市中心部と北郊を結ぶ重要な交通ルートの役割を果たしている。かつての高富線もその一翼を担っていたが、輸送力の脆弱さからバス路線に転換されている。乗客数の少なさからバス路線になったのは、同じ名鉄の起線と同様である。

廃止間近の終点の高富駅に停車中のモ70形。高富線は長良軽便鉄道により開業し、その後、市内線の電車が直通したが、市内線に急カーブがあるため小型の単車しか入線できず輸送力が不足していた。乗客増に対応するため、1960（昭和35）年にバス化された。◎高富　1960（昭和35）年　提供：名鉄資料館

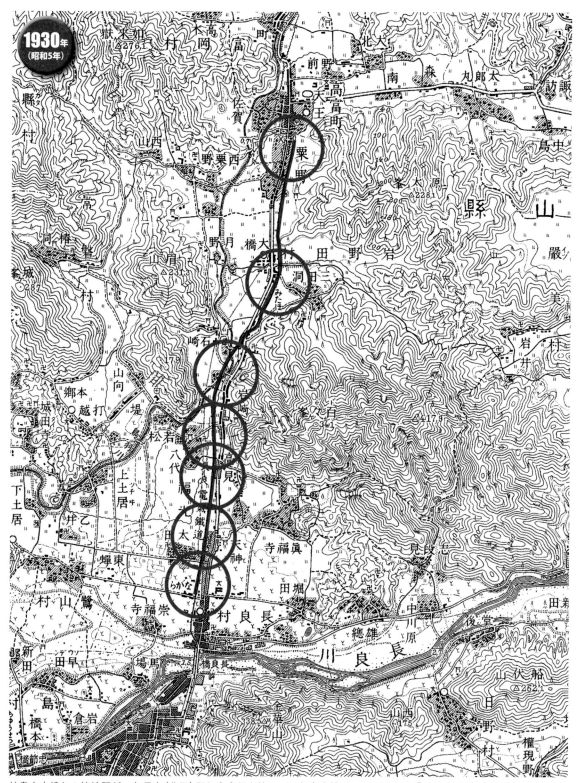

岐阜市内線との接続駅だった長良（北町）駅と高富駅を結んでいた高富線。この地図には「長良電気鉄道」の表示があるが、もともとは長良軽便鉄道が建設し、美濃電気軌道、名岐鉄道をへて、名鉄の路線となっている。地図の下（南）側は長良村であり、上（北）側に岩野田村、高富町、富岡村が見える。終着駅が置かれていた高富町は2003（平成15）年、3町村の合併により山県市に変わっている。

長良北町駅。ここから向こう
が高富線、手前が岐阜市内線。
市内線の電車は大部分がここ
で折返し、一部が高富へ直通
した。長良軽便鉄道の起点だっ
たので、立派な駅舎があった。
◎長良北町　1960（昭和35）
年2月5日
提供：名鉄資料館

高富駅には立派な駅舎があり、
賑わっていた。高富駅は岐阜
市の北端にあり、すぐ隣が高
富町（現・山県市）の中心部だっ
た。◎高富　1960（昭和35）
年3月5日
提供：名鉄資料館

長良北町の次の高見駅。市内線の電車が直通したので、全線専用敷の鉄道だが低床ホームだった。◎高見　1960（昭和35）年2月5日
提供：名鉄資料館

高富線ほぼ中間の戸羽川橋梁を渡るモ1形。美濃電軌開業時（1911/明治44年）に製造された1号が改造で形を変えながら55年間使用された。
◎戸羽川付近　1959（昭和34）年頃　提供：名鉄資料館

里山の風景の中を走るモ70形。高富線の電柱は四角いコンクリート製だった。モ70形は元瀬戸電の車両。
◎三田洞〜粟野　1959（昭和34）年2月
提供：名鉄資料館

鏡島線

路線DATA

起点：千手堂

終点：西鏡島

開業：1924（大正13）年4月21日

廃止：1964（昭和39）年10月4日

　名鉄の鏡島線は、岐阜市の千手堂駅と西鏡島駅を結んでいた全長4.4キロの路線で、千手堂駅で接続する岐阜市内線と直通運転を行っていた。千手堂駅は岐阜駅の北側に位置しており、この鏡島線は、東海道本線の北側を長良川沿いの西鏡島方面に進んでいた。南側を走る東海道本線には現在、西岐阜駅が置かれているが、この駅は1986（昭和61）年11月の開業で、鏡島線のあった当時は存在していなかった。これに対して、鏡島線には起終点駅を含めて11駅が存在し、それぞれの駅の間の距離は短くなっていた。

　鏡島線は1924（大正13）年4月、美濃電気軌道が千手堂〜鏡島間を開業。1930（昭和5）年に美濃電気軌道が名古屋鉄道に合併、その後の社名変更で名岐鉄道の鏡島線と変わった。太平洋戦争中の1944（昭和19）年12月に森屋〜鏡島間が休止。戦後の1953〜54（昭和28〜29）年にかけて運行が再開され、鏡島〜合渡橋（廃止時は西鏡島）間が延伸した。1964（昭和39）年10月、千手堂〜西鏡島間の全線が廃止された。

　線名となっている「鏡島」は、稲葉郡の鏡島村に由来しており、この村は1955（昭和30）年に編入されて、岐阜市の一部になった。この鏡島村には東鏡島〜合渡橋間の各駅が存在した。また、起終点駅の千手堂駅や本荘駅などは、同じ稲葉郡の本荘村に置かれており、この本荘村は鏡島村より早く1931（昭和6）年に岐阜市に編入されている。

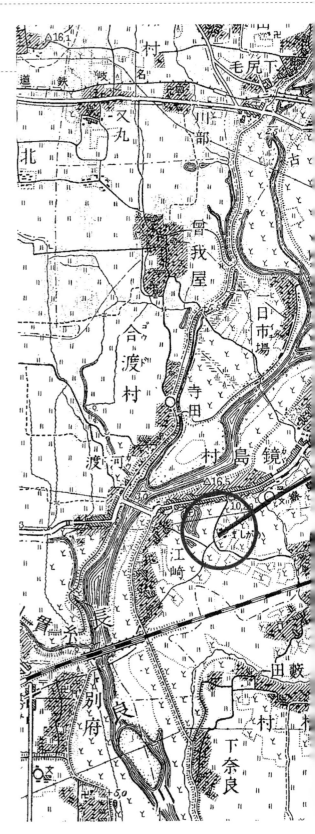

徹明町に停車中の540形543。徹明町は岐阜の町の中心地で、鏡島線の電車はここまで直通運転された。◎徹明町　1960（昭和35）年3月5日　提供：名鉄資料館

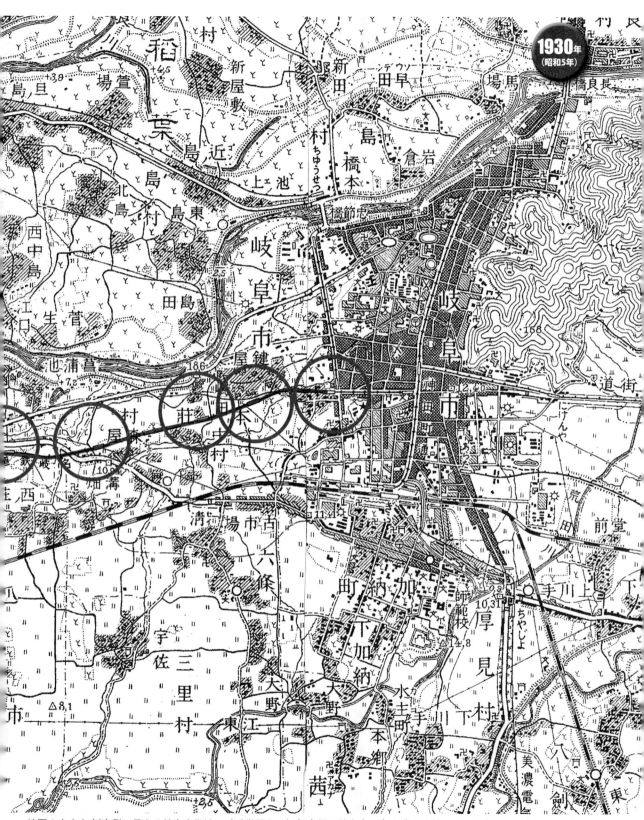

地図の中央右（東）側に見える岐阜市街地の千手堂駅と、左（西）側の鏡島（かがしま）駅を結んでいた名岐鉄道（現・名鉄）の鏡島線。この当時、鏡島駅が置かれていたのは鏡島村で、周囲には合渡村、市橋村、本荘村などがあった。地図の下（南）側を走る東海道本線の岐阜〜穂積間に駅は見えないが、1986（昭和61）年に西岐阜駅が誕生している。

鏡島線起点の千手堂には立派な駅舎とホームがあった。後から出来た市内線はここで曲がり忠節橋へ向かった。鏡島線は専用敷の鉄道で開業したが、後に途中まで併用軌道化された。◎千手堂　昭和初期　提供：名鉄資料館

鏡島弘法（乙津寺）の最寄駅弘法口に停車中のモ500形502。鏡島線は、鏡島弘法参詣客輸送を目的に敷設された。モ500形は美濃電軌初のボギー車。◎弘法口　1958（昭和33）年　提供：名鉄資料館

森屋で折り返し、市内線の徹明町へ直通する電車。戦後、千手堂〜森屋間が併用軌道化された。
◎森屋　昭和30年代　提供：名鉄資料館

長良川の堤防下にあった終点西鏡島。鏡島線は戦後に合渡橋駅まで延伸され、合渡橋は西鏡島へ改称したが1964（昭和39）年に廃止された。540形は、元三重交通神都線の電車。◎西鏡島　1958（昭和33）年頃　提供：名鉄資料館

いびせん

揖斐線

路線DATA

起点：忠節
終点：本揖斐
開業：1914（大正3）年3月29日
廃止：2005（平成17）年4月1日

　揖斐線は2005（平成17）年3月まで運行されていた名鉄の路線である。起点は岐阜市内線と接続する岐阜市内で、本巣郡北方町、本巣市、揖斐郡の大野町を通り、揖斐川町に至っていた。2005年の廃止時には、忠節駅と黒野駅を結ぶ全長12.7キロで、起終点駅を含めて13の駅が置かれていた。また、2001（平成13）年10月までは、黒野～本揖斐間の5.6キロの路線も存在した。

　この揖斐線は、岐北軽便鉄道が1914（大正3）年3月に忠節～北方（後の北方町→美濃北方）間で開通した路線からスタートしている。1921（大正10）年11月に美濃電気軌道が岐北軽便鉄道を合併し、同軌道の北方線となった。1926（大正15）年4月、北方町～黒野間が、1928（昭和3）年12月に、黒野～本揖斐間が延伸している。その後、美濃電気軌道が名古屋鉄道と合併し、さらに名岐鉄道の揖斐線と社名、線名が変更された後、名鉄の揖斐線となり、戦後は岐阜市内線と路線がつながり、直通運転も行っていた。2001年10月に黒野～本揖斐間、2005年4月に忠節～黒野間が廃止されて、揖斐線は姿を消した。

　終着駅である本揖斐駅が存在したのは揖斐川町三輪で、揖斐川の左岸に位置しており、ここから南東にあたる岐阜市内方面に向かっていた。一方、揖斐川の右岸には現在、養老鉄道（2007年9月まで近畿日本鉄道養老線）の終着駅である揖斐駅が存在している。この養老線は養老鉄道（旧）がルーツとなっており、そのまま南下して、大垣駅を経由して桑名駅に至っている。養老鉄道は現在、近鉄の子会社となっている。また、この揖斐川町の東部には大垣駅と樽見駅を結ぶ樽見鉄道樽見線が走っており、揖斐川町には谷汲口駅と高科駅が置かれている。樽見鉄道樽見線は戦後の1950年代に国鉄の樽見線として開業・延伸し、1984（昭和59）年10月に樽見鉄道に変わった後、さらに延伸して全通した路線である。この3つの鉄道路線を比較すれば、岐阜市内と結ばれた名鉄の揖斐線が廃止され、距離の近い大垣市内方面

と結ばれていた養老鉄道、樽見線が生き残った形になった。

　揖斐川町は1955（昭和30）年に揖斐郡の揖斐町、北方村などが合併して成立し、2005（平成17）年に谷汲村、久瀬村などと合併して、新しい揖斐川町が発足している。以前に存在した揖斐町は1889（明治22）年に三輪村、大光寺村、志津山村などが合併して誕生している。江戸時代には幕府領で、揖斐陣屋が存在した。それ以前は土岐氏の一族である揖斐氏が居城とした揖斐城があり、一時は揖斐藩も置かれていた。

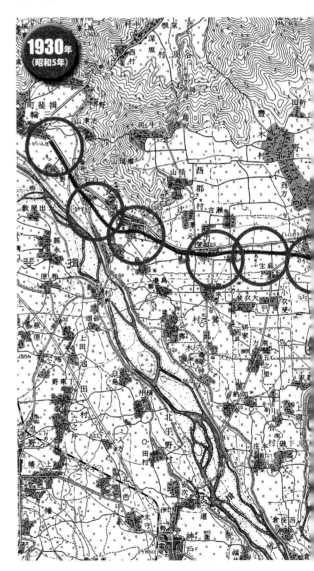

駅ビル完成直後の忠節駅に停車中の揖斐線ク2180形。左端に揖斐線〜岐阜市内線直通車。その横に市内線の電車。揖斐線用の高床ホームと市内線用の低床ホームがあり、直通車は低床ホームを使用。
◎忠節　1972（昭和47）年5月　提供：名鉄資料館

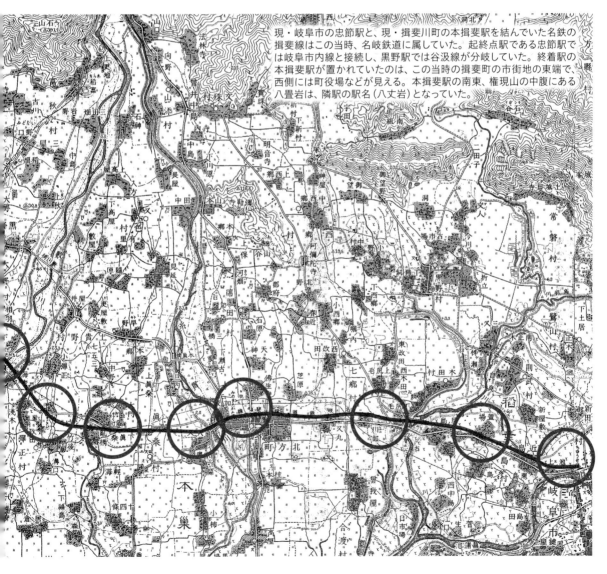

現・岐阜市の忠節駅と、現・揖斐川町の本揖斐駅を結んでいた名鉄の揖斐線はこの当時、名岐鉄道に属していた。起終点駅である忠節駅では岐阜市内線と接続し、黒野駅では谷汲線が分岐していた。終着駅の本揖斐駅が置かれていたのは、この当時の揖斐町の市街地の東端で、西側には町役場などが見える。本揖斐駅の南東、権現山の中腹にある八畳岩は、隣駅の駅名（八丈岩）となっていた。

尻毛（しっけ）は隣の又丸（またまる）とともにユニークな名前の駅として知られていた。旦ノ島～尻毛間にあるプレートガーダーの伊自良川鉄橋は撮影名所だった。◎尻毛　1965（昭和40）年7月23日　撮影：荻原二郎

1914（大正3）年3月、岐北軽便鉄道忠節～北方町開通時に開業。1926（大正15）年に美濃北方と改称。次の真桑との間で国鉄樽見線（現・樽見鉄道）をオーバークロスし、樽見鉄道北方真桑駅（国鉄時代は本巣北方駅）と約1キロ離れていた。◎美濃北方　1965（昭和40）年7月23日　撮影：荻原二郎

忠節～黒野間のワンマン運転は1987（昭和62）年から開始されたが、それ以前は各列車に車掌が乗務し、無人駅では車掌が改札を行っていた。◎下方　1984（昭和59）年6月　撮影：寺澤秀樹

木造2階建ての黒野駅舎。1926（大正15）年4月、美濃電気軌道により開業。2001（平成13）年に駅舎は開業時の姿を残したままリニューアルされた。黒野〜忠節間は2005（平成17）年4月1日に廃止。現在この駅舎は黒野駅ミュージアムとなり、駅跡は黒野駅レールパークになっている。
◎黒野　1965（昭和40）年5月17日　撮影：荻原二郎

いわゆるマンサード（牧舎）形の本揖斐駅。1928（昭和3）年12月、美濃電気軌道 黒野〜本揖斐間開通に伴い開業。長良川交通公園のポスターがある。2001（平成13）年10月1日に黒野〜本揖斐間が廃止。その後、この駅舎は解体された。
◎本揖斐　1973（昭和48）年8月28日
撮影：安田就視

本揖斐駅舎。1928（昭和3）年の開通時からある立派な駅舎。養老鉄道の揖斐駅が先に出来ていたので、揖斐の町に近い当駅は本揖斐と名付けられた。
◎本揖斐　1958（昭和33）年8月　提供：名鉄資料館

137

黒野は揖斐線、谷汲線の分岐点でホームは2面4線であり、車庫も併設された。写真のモ450形（モ453）はもと各務原鉄道の車両で、戦後は揖斐線、谷汲線で使用された。
◎黒野　1965（昭和40）年5月17日　撮影：荻原二郎

忠節行きのモ560形2両編成。忠節で岐阜市内線に接続した。モ560形はもと瀬戸電気鉄道のホ103形で1926（大正15）年登場の半鋼製車。1967（昭和42）年にモ760形となり1973年に揖斐線、谷汲線に転属した。◎黒野　1965（昭和40）年5月17日
撮影：荻原二郎

本揖斐～新岐阜間の直通急行発車式。揖斐線から岐阜市内線へ直通運転が開始され利便性が大幅に向上した。その直通車両には、大正生まれのモ510形が抜擢された。◎本揖斐　1967（昭和42）年12月17日　提供：名鉄資料館

本揖斐で発車を待つ揖斐線忠節行きのモ560形（モ569）。揖斐線黒野〜本揖斐間は2001（平成13）年10月1日廃止された。本揖斐と近鉄養老線（現・養老鉄道）揖斐は揖斐川を挟み約3キロ離れている。モ560形はもと瀬戸電気鉄道ホ103形。◎本揖斐 1965（昭和40）年5月17日 撮影：荻原二郎

雪の黒野駅で新岐阜・本揖斐・谷汲行きの電車が3本並んだ。黒野は谷汲線の分岐駅で、揖斐・谷汲線の駅と乗務員を管理する幹事区と車庫があった。駅跡は黒野駅レールパークとなった。◎黒野 1981（昭和56）年1月 撮影：田中義人

モ515-モ522、2両連結の新岐阜行き。忠節から岐阜市内線に乗り入れ、岐阜中心部まで直通した。1人掛と2人掛の転換クロス、白とスカーレットの塗装で注目され、1967（昭和42）年12月から直通運転が始まりクロスシートのサバーバン（suburban、郊外電車）と呼ばれた。◎本揖斐 1973（昭和48）年8月28日 撮影：安田就視

伊自良川鉄橋を渡るスカーレット一色のモ520（モ522）とモ510（モ511）2両連結。もと美濃電気軌道の車両で正面5枚窓、右側のモ511の丸い窓が大正ロマンを感じさせる。美濃町線で運行されたが1967（昭和42）年から岐阜市内〜揖斐線 直通急行に転用された。◎旦ノ島〜尻毛　1982（昭和57）年8月18日　撮影：安田就視

根尾川鉄橋を渡る忠節行き。先頭のモ700形（モ703）は1927（昭和2）年製造の旧名古屋鉄道デボ700形。登場時は中央部にパンタグラフ、両端にトロリーポールを取付け押切町から名古屋市電に乗り入れ中心部の柳橋まで運転された。2両目はク2320形（もと愛知電気鉄道のモ3200形）。◎下方〜政田　1993（平成5）年10月　撮影：安田就視

桜満開の揖斐線清水（きよみず）を発車するモ510形514。2001（平成13）年9月末日限りで、この駅を含む黒野−本揖斐間が廃止された。名鉄には同じ文字の駅として瀬戸線に清水（しみず）があり、名鉄社内では（揖）清水、（瀬）清水と区別された。◎清水　1999（平成11）年4月　撮影：山田亮

モ510は5両のうち1988（昭和63）年にモ511・515が廃車された後はモ512・513・514の3両体制が続いていたが、モ512が廃車されるのに先立ち、2000（平成12）年10月、モ510最後の3両運転と銘打ったイベント列車が運転された。◎旦ノ島〜尻毛　2000（平成12）年10月1日　撮影：寺澤秀樹

桜の花びらが舞い落ちた綺麗なホームに黒野行きの電車が到着した。揖斐線の末端区間、黒野〜本揖斐間は、廃止になるまで昭和初期に製造されたモ750形が活躍した。◎清水　2000（平成12）年4月16日　撮影：田中義人

もと愛電の電7型だったク2320、最後は揖斐線で余生を送っていた。1997（平成9）年4月にさよなら運転が行われ、長年コンビを組んでいた元名岐のモ700・750よりも一足早く過去帳入りした。
◎旦ノ島〜尻毛　1997（平成9）年4月4日　撮影：寺澤秀樹

たにぐみせん

谷汲線

路線DATA

起点：黒野

終点：谷汲

開業：1926（大正15）年4月6日

廃止：2001（平成13）年10月1日

　名鉄揖斐線の黒野駅から分岐して谷汲駅に至る全長7.6キロの路線は、大正時代に谷汲鉄道が建設した路線である。この谷汲鉄道は、揖斐線の前身である美濃電気軌道と直通運転を行っていた。1944（昭和19）年3月に名古屋鉄道に合併されて、谷汲線となっている。現在は揖斐川町になっている揖斐郡の谷汲村には、天台宗の古刹である谷汲山華厳寺がある。この華厳寺は、西国霊場三十三所の第33番札所であり、満願結願の寺院として多くの参詣者を集め

ている。1927（昭和2）年4月には、華厳寺の十一面観世音菩薩御開帳が行われるため、1年前の1926（大正15）年4月に全線が開業している。華厳寺は桜や紅葉の名所として知られ、参詣者や観光客が谷汲線を利用してきたが、2001（平成13）年10月に廃止され、代替バスに切り替わった。平成の時代には、起終点駅を含めて9駅が置かれていた。

　揖斐線との連絡駅である黒野駅は、揖斐郡の大野町に存在した。1897（明治30）年に黒野村、六里村などが合併して大野村が成立。1932（昭和7）年に町制を施行して大野町となった。1954（昭和29）年に西郡村、豊木村、富秋村と合併し、1956（昭和31）年に鶯村、1960（昭和35）年に川合村を編入している。また、揖斐川町は1955（昭和30）年に揖斐町、北方村などが合併して成立している。

終点駅に到着後、後部の行先系統板は車掌が整備を行っていた。ワンマン化後は「黒野⇔谷汲」といったように起終点駅名を併記する様式に変わってしまい、このような光景は見られなくなってしまった。◎谷汲　1979（昭和54）年10月21日　撮影：寺澤秀樹

142

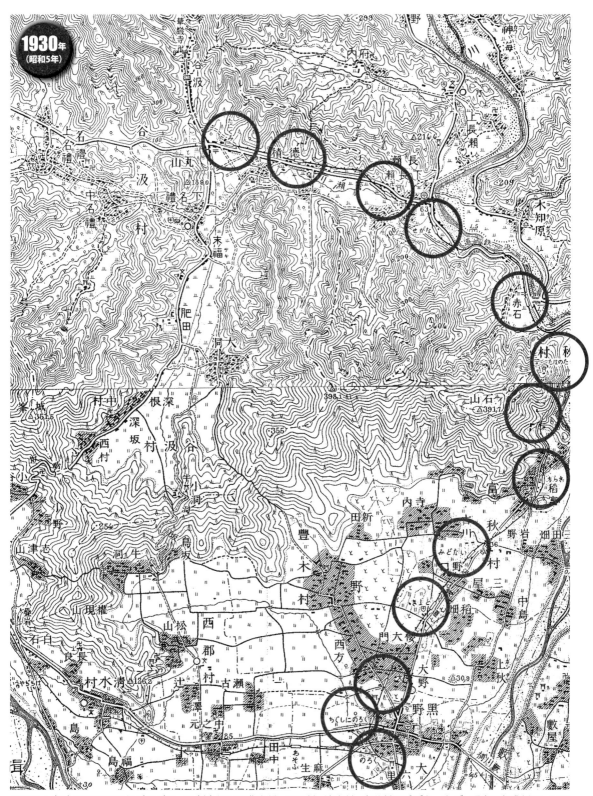

地図の上（北）側には谷汲村が広がり、下（南）側には豊木村、西郡村、清水村、富秋村などがあったが、現在は揖斐川町、大野町に変わっている。この谷汲村には天台宗の名刹、谷汲山華厳寺があり、谷汲鉄道（後の谷汲線）はこの寺への参詣客を運ぶための路線だった。地図の下を揖斐線が走り、黒野駅から分かれて北上する谷汲鉄道は、地図の東側を通って谷汲駅に至っている。

黒野で揖斐線と分岐し谷汲線を走るク2320形（ク2325）-モ750形（モ754）の黒野行き。谷汲線は日中1時間に1本の運行。ク2320は1926（大正15）年製造のもと愛知電気鉄道モ3200形。2両目のモ750は1928年製造の旧名古屋鉄道デボ750形。◎稲富〜豊木 1983（昭和58）年9月1日 撮影：安田就視

谷汲線北野畑へ到着する忠節行き。谷汲線は美濃電気軌道系列の谷汲鉄道により1926（大正15）年4月に黒野〜谷汲間が開通した。先頭のク2240形（2242）はもと瀬戸電気鉄道ホ100形をクハ化した車両である。◎北野畑 1965（昭和40）年5月17日 撮影：荻原二郎

廃止2日前の北野畑。廃止が間近に迫ってくるとお名残り乗車の乗客が増え、連日のように列車が増発された。北野畑では列車交換も頻繁に行われ、その度に通票・スタフの授受風景を目にすることができた。◎北野畑 2001（平成13）年9月29日 撮影：寺澤秀樹

モ183とモ401（連接車）の2両で根尾川に沿って走る谷汲行き（後追い撮影）。手前のモ180形（モ183）はもと香川県の琴平急行電鉄のデ1形。後方はもと美濃電気軌道の2軸単車セミシ64形2両を1952（昭和27）年に連接車（名鉄唯一）に改造したモ401。◎赤石～長瀬　1973（昭和48）年8月28日　撮影：安田就視

大カーブを谷汲に向かうスカーレット一色のモ513-モ521の急行谷汲行き。谷汲線は根尾川に沿い山深く分け入り華厳寺のある谷汲に達し、名鉄唯一の降雪地帯だった。画面右側は根尾川に沿った根尾谷で樽見方面に続いている。◎北野畑～赤石　1981（昭和56）年2月18日　撮影：安田就視

山村風景の長瀬付近を走るモ760形。後方に見えるのは国鉄樽見線（現・樽見鉄道）の根尾川橋梁。谷汲線と樽見線は根尾川を挟んでしばらく並行していた。◎長瀬　1973（昭和48）年4月　撮影：田中義人

結城駅を通過するモ180形 2 連の急行。結城は名鉄で乗降客最少の駅で、朝夕の一部列車のみ停車した。谷汲線より先の1990（平成 2 ）年廃止された。◎結城　1972（昭和47）年12月 3 日　撮影：田中義人

1926（大正15）年 4 月、谷汲鉄道により開業。谷汲山華厳寺への参拝客輸送が主目的だった。1985（昭和60）年に無人化された。谷汲線は2001（平成13）年10月 1 日に廃止され、開業時からの駅舎も解体されたが、現在その場所には谷汲村昆虫館が建っている。◎谷汲　1965（昭和40）年 5 月17日　撮影：荻原二郎

終着駅谷汲で折り返すモ200形（モ204）の黒野行き。もと尾西鉄道の200形で1923（大正12）年に登場した 3 ドア木造車。谷汲は参拝客に備えホームは広いがふだんは閑散としていた。◎谷汲　1965（昭和40）年 5 月17日　撮影：荻原二郎

晩秋の谷汲駅に停車するモ750形。谷汲線は1984（昭和59）年からワンマン運転を開始。名鉄では路面電車以外で初のワンマン化。廃線後も谷汲駅は保存され、この位置にモ750形755が保存されている。
◎谷汲　1985（昭和60）年頃
提供：名鉄資料館

北野畑〜赤石間は根尾川を挟んで谷汲線と樽見鉄道が至近距離で並走していた。人口が少ないエリアに2本の鉄道路線はどう見ても過剰サービスで、今では樽見鉄道が残るのみとなっている。谷汲線と樽見鉄道の2列車同時撮影には幾度となくチャレンジしたが、この時ようやく念願がかなった。◎北野畑〜赤石　1997（平成9）年7月　撮影：寺澤秀樹

根尾川沿いを走る赤い電車。この区間は谷汲線沿線で一番景色が良く、夏季は水泳客や鮎釣り客で賑わった。手前には赤石ヤナがあり、鮎料理に舌鼓を打ちながら赤い電車を眺めることができた。◎赤石～北野畑　2000（平成12）年8月13日
撮影：田中義人

田植え直後の田圃と赤い電車。背景には古い農家もあり、昔懐かしい里山の風景だった。新緑の風景の中に赤い電車は良く似合った。この年の秋に谷汲線は廃止された。◎谷汲～長瀬
2001（平成13）年5月5日　撮影：田中義人

更地駅のホーム横には桜の木があり、桜の咲く頃には大勢のカメラマンが集まる名所だった。紅葉した桜も、オレンジ色の葉が半逆光で輝き綺麗だった。◎更地
2000（平成12）年11月23日
撮影：田中義人

谷汲駅を出発してすぐ、木のトンネルを潜ってきたモ750形。木の上にも雪がたくさん積もっていた。モ750形は、昭和初期の名鉄を代表する電車で、晩年は揖斐・谷汲線へ転属し、そこが最後の職場となった。◎谷汲～長瀬 1995（平成7）年1月15日 撮影：田中義人

雪の降る中、赤石駅を出発した黒野行き電車。モノトーンの風景の中を、スノープロー（除雪板）を付けた赤い電車が走る。赤い電車は白い雪景色にも良く似合った。◎赤石～北野畑 1999（平成11）年1月10日 撮影：田中義人

大雪が積もった谷汲駅。谷汲線は名鉄沿線で一番の積雪量だったが、これだけ積もるのは珍しく、まるで豪雪地帯の駅のようだ。この年は五六豪雪と呼ばれる記録的豪雪だった。◎谷汲 1981（昭和56）年1月 撮影：田中義人

田神線

路線DATA

起点：田神

終点：競輪場前

開業：1970（昭和45）年6月25日

廃止：2005（平成17）年4月1日

　田神線は、各務原線の田神駅と、廃止された美濃町線の競輪場前駅との間を結ぶ1.4キロの路線で、途中駅として市ノ坪駅が置かれていた。1970（昭和45）年6月に開通し、2005（平成17）年4月に廃止されており、わずか35年間しか存在しなかった。もともとは、1967（昭和42）年4月、競輪場前駅から名鉄の岐阜工場（岐阜検車区）へ至る引き込み線が開通。この線を延伸して田神線となっていた。岐阜工場も2005（平成17）年に廃止されている。市ノ坪駅は1970（昭和45）年6月に開業。当初は相対式ホー

ム2面2線を有する地上駅だったが、1979（昭和54）年3月に荒田川の改修工事のために移転し、島式ホーム1面2線の構造に変わっていた。

美濃町線から各務原線に乗り入れ新岐阜へ直通するモ880形と乗り入れ電車用の低いホーム。画面奥に美濃町線への短絡線（田神線）がある。短絡線は2005（平成17）年4月1日廃止。モ880形は1980（昭和55）年に美濃町線近代化のために登場した低床式高性能連接車である。◎1984（昭和59）年6月7日　撮影：安田就視

田神線を走るモ600形。田神線は美濃町線を各務原線の新岐阜（現・名鉄岐阜）へ直通させるために建設された。電圧が異なる両線を直通するため複電圧の600形が製造された。◎市ノ坪～競輪場前　1972（昭和47）年　提供：名鉄資料館

岐阜城を背景に、競輪場前から田神線へ入るモ880形の新車試運転。880形は1980（昭和55）年に新岐阜（現・名鉄岐阜）～美濃町線直通用に登場した複電圧の高性能連接車。◎競輪場前　1980（昭和55）年　提供：名鉄資料館

美濃町線廃止の約5か月前、先に白帯が復元されたモ606に続き、モ593が登場時のカラー（緑色とクリーム色のツートン）に塗り替えられた。お披露目を兼ねて岐阜工場が一般開放され、往年のカラーをまとったモ514・モ606・モ593の3両並びが実現した。◎岐阜工場　2004（平成16）年11月7日　撮影：寺澤秀樹

市ノ坪で交換するモ600形。この右横に美濃町線や岐阜市内線などの車両基地・岐阜工場があった。1970（昭和45）年の開業時は相対式ホームだったが、駅横の川の河川改修に伴い島式ホームに変更された。
◎市ノ坪　1970（昭和45）年　提供：名鉄資料館

美濃町線

路線DATA

起点：徹明町

終点：美濃

開業：1911（明治44）年2月11日

廃止：2005（平成17）年4月1日
※関〜美濃間は1999（平成11）年4月1日廃止

　名鉄の美濃町線は、岐阜市内の徹明町駅から新関駅を経由し美濃駅に至る路線であった。1999（平成11）年4月に新関〜美濃間の6.3キロの路線が廃止されて、新たに関駅が終着駅となったが、この徹明町〜関間の18.8キロの路線も2005（平成17）年4月に廃止されて、美濃町線は姿を消した。現在、美濃町線が通っていた関市、美濃市には、JR線と連絡する美濃太田駅から北濃駅までの第三セクター、長良川鉄道越美南線が走っている。

　美濃町線の歴史は、美濃電気軌道が1911（明治44）年2月、神田町（1931年 岐阜柳ケ瀬に改称）〜上有知（後の美濃）間を開業したことに始まる。路線のほとんどは、国道156号・248号に敷設されていた軌道線で、一部で専用軌道を走っていた。当初の起終点駅（停留場）は岐阜市内の繁華街として有名な柳ケ瀬だったが、1950（昭和25）年4月に岐阜柳ケ瀬〜梅林間が廃止され、徹明町〜梅林間の新線が開業して、徹明町駅が新たな起点駅となった。

　美濃町線の線名は、当初からの終着駅だった美濃駅が置かれていた、美濃市の前身である美濃町に由来している。木曽川の川湊があった上有知村は、1899（明治22）年に町制を施行して上有知町となり、1911（明治44）年に特産品の美濃和紙にちなみ、美濃町と改めた。1954（昭和29）年に武儀郡の美濃町、洲原村、下牧村などが合併して市制を施行し、美濃市が成立している。現在の人口は約1万9000人である。

　この美濃市と岐阜市の間には関市が存在し、主要駅である関駅などが置かれていた。この関駅は廃止時には、国鉄の越美南線（現・長良川鉄道）との連絡駅となっていたが、駅の開設は国鉄の方が遅く、1923（大正12）年10月に開業している。一方、美濃町線には早くから新関駅が存在した。この駅は1911（明治44）年2月に関として開業。美濃関駅、新美濃関駅を経て、国鉄駅が開業した後の1924（大

正13）年頃から、新関駅を名乗っていた。その後、1999年4月に新関〜美濃間が廃止された際、長良川鉄道越美南線との連絡のため、新関〜関間が開業している。関市は現在の人口が約8万5000人。1950（昭和25）年に市制を施行して、関市が成立している。古くから「関の刃物」が特産品として知られてきた。

新関～美濃間廃止後は徹明町～野一色・日野橋系統の専用車の感が強くなったモ590。最後に残った3両のうちモ591・592は冷房化が行われたが、モ593は非冷房のまま美濃町線の廃止を迎えた。左が冷房化されたモ592、右が非冷房のモ593。標識灯・乗降中表示・行先系統板使用の有無など、冷房装置以外の外観にも差異が見られた。◎競輪場前　2004（平成16）年7月3日　撮影：寺澤秀樹

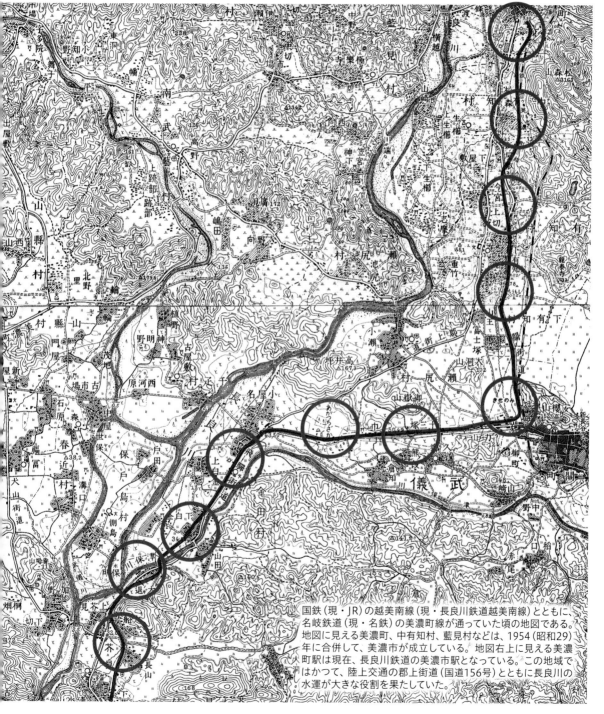

国鉄（現・JR）の越美南線（現・長良川鉄道越美南線）とともに、名岐鉄道（現・名鉄）の美濃町線が通っていた頃の地図である。地図に見える美濃町、中有知村、藍見村などは、1954（昭和29）年に合併して、美濃市が成立している。地図右上に見える美濃町駅は現在、長良川鉄道の美濃市駅となっている。この地域ではかつて、陸上交通の郡上街道（国道156号）とともに長良川の水運が大きな役割を果たしていた。

岐阜柳ケ瀬に停車中の新美濃町行きモ520形など。美濃町線開通時の起点は岐阜柳ケ瀬だったが、徹明町〜梅林間の新線を建設、1950（昭和25）年に徹明町へ移転した。◎岐阜柳ケ瀬　1948（昭和23）年　提供：名鉄資料館

田神線との分岐駅になった競輪場前駅で通票交換。通票交換用の駅員が常駐し、雨の日も雪の日も電車と車に挟まれ通票交換していた。
◎競輪場前　1970（昭和45）年頃　提供：名鉄資料館

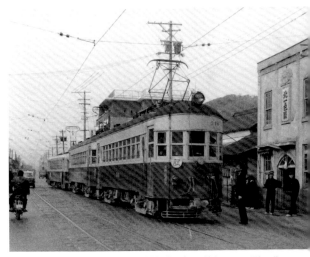

北一色駅に停車中のモ510形連結試運転。続行で570形。北一色には美濃町線の駅と乗務員を管理する幹事区が右の駅舎の中にあった。交換設備は後に撤去し野一色へ移転。
◎北一色　1962（昭和37）年　提供：名鉄資料館

道路上の単線を走る美濃町線モ600形。1970（昭和45）年に複電圧車600形が登場し、新岐阜から美濃町へ直通運転が開始され、名古屋方面との乗り換えが非常に便利になった。◎北一色〜野一色　1970（昭和45）年
提供：名鉄資料館

美濃町線のモ580形（モ582）。美濃町線は徹明町を起点に刃物の街、関を通り和紙の産地、美濃を結んでいた路線であった。前身は美濃電気軌道である。◎梅林　1972（昭和47）年4月2日　撮影：安田就視

日野橋は新岐阜系統と徹明町系統の乗り換え駅で、徹明町系統が発着するパターンの時は接続と列車交換のため、3列車がそれぞれの乗り場に集結する。日野橋〜競輪場前間は徹明町行きと新岐阜行きの続行運転が行われるため、先行となるモ870の徹明町行には続行票（前面窓左下の黄色い円盤）が掲出されている。◎日野橋　1981（昭和56）年6月10日　撮影：寺澤秀樹

モ510はエバーグリーン賞受賞を機にスカーレット1色から岐阜市内線⇔揖斐線直通運転開始当初のカラーにリバイバルされた。エバーグリーン賞受賞記念列車は揖斐線・岐阜市内線・美濃町線を走破、リバイバルカラーになった姿をお披露目した。◎上芥見　1988（昭和63）年2月7日　撮影：寺澤秀樹

津保川橋梁を渡るモ510形。1926（大正15）年に製造された510形は、美濃町線で使用されたが、1967（昭和42）年からは揖斐線～岐阜市内線直通車として転属した。◎上芥見～白金　1962（昭和37）年
提供：名鉄資料館

津保川橋梁を渡るモ880形。1980（昭和55）年に新岐阜（現・名鉄岐阜）～美濃町線直通用に登場した複電圧の高性能連接車。名鉄の軌道線車両で初の空気バネ台車・カルダン駆動車。◎上芥見～白金 1980（昭和55）年
提供：名鉄資料館

雪の日、急カーブを曲がるモ880形。このカーブを曲がったあと津保川橋梁を渡る。◎上芥見～白金　1981（昭和56）年頃
提供：名鉄資料館

併用軌道を行くモ600形（モ604）の新岐阜行き。モ600は美濃町線の新岐阜駅乗り入れのため1970（昭和45）年に登場した600-1500Vの複電圧車。急カーブ通過のため先頭部が絞られ、細長い顔で岩手県の花巻電鉄「馬づら電車」の現代版といわれたが1971年鉄道友の会ローレル賞を受賞。◎下有知～新関　1980（昭和55）年1月5日
撮影：安田就視

美濃町線を行くモ580形（モ581）1955～56年に登場した3ドア車。1980（昭和55）年、美濃町線へのモ880形投入で豊橋鉄道へ譲渡され、豊橋市内線モ3200形となった。新関～美濃間は国鉄越美南線（1986年12月から長良川鉄道）と平行しており、1999（平成11）年4月1日に廃止された。◎新関～下有知　1979（昭和54）年2月2日
撮影：安田就視

部分低床車のモ800は3両が2000（平成12）年7月にデビューした。美濃町線活性化の切り札としての期待も大きく新関では盛大な出発式が行われた。しかし、走行線区だった美濃町線が2005（平成17）年4月1日限りで廃止されてしまい、美濃町線での活躍期間は5年弱と短く、1両が豊橋鉄道、2両が福井鉄道へ旅立った。福井鉄道での活躍を終えた2両は2019（平成31）年3月に豊橋鉄道へ譲渡され、豊橋の地で3両が再び顔を合わせることとなった。◎新関　2000（平成12）年7月19日
撮影：寺澤秀樹

モ510形２両の美濃行き。岐阜市内の徹明町から美濃まで直通した。モ510は1926（大正15）年に製造された正面５枚窓、卵型の優美な形態である。1967年に１人掛と２人掛の転換クロスシートとなり岐阜市内〜揖斐線直通に転用。美濃町線は2005（平成17）年４月１日で廃止。◎新関　1962（昭和37）年６月25日
撮影：荻原二郎

刃物の街として知られる関市にあった新関駅。美濃町線は美濃電気軌道により1911（明治44）年２月、神田町〜美濃町（当時は上有知）間が開通。車両は路面電車だが郊外では専用軌道区間も多かった。新関〜美濃間は1999（平成11）年４月１日に廃止され、その見返りとして長良川鉄道の関駅へ乗り入れた。◎新関　1962（昭和37）年６月25日
撮影：荻原二郎

美濃町線新関〜美濃間6.3kmは1999（平成11）年３月末日限りで廃止され、その代替として翌４月１日から新関〜関間0.3kmが開通し長良川鉄道と接続したが、この区間を含む全区間が2005年３月末日限りで廃止された。電車はモ880形で右は長良川鉄道。
◎関　1999（平成11）年４月
撮影：山田 亮

美濃で発車を待つ新岐阜行き
のモ600形（モ602）。1999（平
成11）年に廃止されたが旧美
濃駅は駅舎、ホームが当時の
まま保存され美濃町線を走っ
たモ600、モ510、モ590、も
と札幌市電モ870（先頭部分
だけ）が展示されている。
◎1973（昭和48）年8月28日
撮影：安田就視

美濃駅でモ870形の発車式。
870形はもと札幌市電の連接
車で、ヨーロッパ風の優れた
デザインの電車だった。美濃
町線の輸送改善のため導入し
た。◎美濃　1976（昭和51）
年10月　提供：名鉄資料館

美濃町線の終点の美濃駅舎。
立派な建物で、1999（平成
11）年の廃線後もホームや車両
（モ510形・600形・590形等）
と一緒に保存され登録有形文
化財となった。◎美濃　1979
（昭和54）年10月
提供：名鉄資料館

生田 誠（いくた まこと）

1957（昭和32）年、京都市東山区生まれ。
東京大学文学部美術史学専修課程修了。産経新聞社東京本社、大阪本社の文化部
ほかに勤務。現在は地域史・絵葉書研究家として、内外の絵葉書の収集・研究および
地域資料の発掘、アーカイブ構築などを行う。河出書房新社、集英社、彩流社、
アルファベータブックス、フォト・パブリッシング等から著書多数。

【写真解説】
清水 武、田中義人、寺澤秀樹、山田 亮

【写真撮影・提供】
名鉄資料館
阿部一紀、荻原二郎、岸 義則、権田純朗、清水 武、白井 昭、高野浩一、田中義人、
寺澤秀樹、長渡 朗、西川和夫、安田就視、山田 亮、渡利正彦
朝日新聞社、津島市立図書館

【絵葉書・沿線案内図提供】
名鉄資料館、生田 誠

【地図】
帝国陸軍参謀本部陸地測量部発行「1/25000」、
「1/50000」地形図

◎可児川　1971（昭和46）年　撮影：清水 武

名鉄の支線、廃線
下巻（尾張・美濃編）
1960年代～90年代の思い出アルバム

発行日 ……………………2020 年 7 月 17 日　第 1 刷　※定価はカバーに表示してあります。

著者……………………生田 誠
発行者…………………春日俊一
発行所…………………株式会社アルファベータブックス
　　　　　　　　　　〒102-0072　東京都千代田区飯田橋 2-14-5 定谷ビル
　　　　　　　　　　TEL. 03-3239-1850　FAX.03-3239-1851
　　　　　　　　　　http://ab-books.hondana.jp/

編集協力………………株式会社フォト・パブリッシング
デザイン・DTP ………柏倉栄治
印刷・製本……………モリモト印刷株式会社